Transformez
votre ministère pastoral

DAG HEWARD-MILLS

Parchment House

Sauf indication contraire, toutes les citations bibliques sont tirées
de la version Louis Segond de la Bible (1910)

Copyright © 2009 Dag Heward-Mills

Titre original : Transform Your Pastoral Ministry
Publié pour la première fois en 2001

Version française publié pour la première fois en 2009
par Lux Verbi.BM (Pty) Ltd.

Quatrième impression en 2016
par Parchment House

Traduit par : Arlette Mbarga

Pour en savoir plus sur Dag Heward-Mills
Campagne Jésus qui guérit
Écrivez à : evangelist@daghewardmills.org
Site web : www.daghewardmills.org
Facebook : Dag Heward-Mills
Twitter : @EvangelistDag

ISBN : 978-9988-8572-6-4

Dédicace
Je dédie ce livre au *Révérend Eddy Addy*
Merci pour ta loyauté et ton amitié au cours des années.

Table des matières

PARTIE I - LE VÉRITABLE MINISTÈRE

1. Pourquoi vous devez éviter le pseudo-ministère.............1

2. Comment atteindre l'excellence dans le ministère ?........8

PARTIE II - LA PRIÈRE

3. Dix raisons pour lesquelles tout ministre devrait prier ...11

4. Dix-huit faits relatifs au combat spirituel.......................25

5. Vingt manières de connaître votre ennemi pour pouvoir le vaincre...33

6. Cinq manières pour les pasteurs de prier efficacement...43

7. Six raisons de faire les prières stratégiques contenues dans la Bible...46

8. Sept exemples de prière fervente 52

9. Les sept signes d'une prière fervente 57

10. Les neuf étapes qui permettent de prier longtemps.........61

11. Les deux étapes qui permettent de comprendre l'intercession 66

12. Les vingt raisons pour lesquelles tous les pasteurs ont besoin d'un intercesseur...68

13. Comment intercéder contre la loi de la dégénérescence ?...71

14. Comment intercéder contre la loi du monde ? 73

15. Comment intercéder contre la loi de la chair ? 74

16. Comment intercéder contre la loi des éléments ?............76

17. Comment intercéder contre la loi de l'humanité?..........77

18. Comment intercéder contre la loi de la nature ? 80

19. Comment intercéder contre la loi du diable ? 82

20. Comment intercéder contre la loi du temps? 84

21. Comment intercéder contre la loi des
    « choses rampantes » ? 86

22. Comment intercéder contre la loi des choses fixées ? 88

23. Comment intercéder contre la loi des astres ? 90

24. Comment intercéder au sujet des lois de Dieu ? 92

25. Sept signes distinctifs de la prière à l'oeuvre 94

26. Trente-deux raisons pour lesquelles je prie en langue 97

PARTIE III - LES VISITES

27. Douze raisons pour lesquelles un pasteur doit
    rendre visite à ses brebis 101

28. Les trois secrets de la puissance d'une visite 104

29. Huit directives permettant d'effectuer
    une visite fructueuse 106

30. Dix règles relatives aux visites 108

31. Sept astuces qui facilitent les visites 113

32. Cinq visites qui ont le pouvoir de changer une vie 116

33. Cinq visites qui produisent un changement
    permanent 120

34. Cinq visites qui permettent de recruter des membres
    d'église 124

PARTIE IV - L'ENSEIGNEMENT

35. Quinze clefs qui permettent d'être un bon enseignant
    de la Parole 128

36. Quatre raisons pour lesquelles tout pasteur doit
    considérer la congrégation comme jardin de Dieu 133

37. Sept raisons pour lesquelles un pasteur doit enseigner par séries 136

38. Quatre clefs qui vous permettront d'améliorer votre ministère d'enseignement 138

39. Sept raisons pour lesquelles écouter des messages transformera votre ministère de prédication 139

40. Comment établir une doctrine au sein de l'église ? 141

41. Neuf raisons pour lesquelles les pasteurs doivent prêcher la Parole de Dieu 143

42. Sept raisons pour lesquelles vous devez enseigner vos leaders 150

43. Pourquoi vous devez éviter la « Pseudo Parole » et les doctrines de démons 152

PARTIE V - L'INTERACTION

44. Huit raisons pour lesquelles l'interaction est importante pour toutes les églises 156

45. Comment interagir avec les gens ?.................... 160

46. Huit manières de faire en sorte que les gens se sentent spéciaux 162

47. Comment encourager l'interaction entre les membres de l'église ? 166

48. P.V.E.I 169

Partie I

LE VÉRITABLE MINISTÈRE

Chapitre 1

Pourquoi vous devez éviter le pseudo-ministère

Dans l'Ancien testament, le véritable ministère était illustré par l'or que l'on trouvait dans le temple. Tous les objets importants du temple étaient couverts d'or pur. L'Éternel donna le plan du temple à Moïse.

> **« L'Éternel parla à Moïse, et dit : parle aux enfants d'Israël. Qu'ils m'apportent une offrande... Ils me feront un sanctuaire, et j'habiterai au milieu d'eux... Tu feras un propitiatoire d'or pur...Tu mettras le propitiatoire sur l'arche, et tu mettras dans l'arche le témoignage, que je te donnerai. C'est là que je me rencontrerai avec toi ; du haut du propitiatoire...»**
>
> **Exode 25 : 1, 2, 8, 17, 21, 22**

C'est à cela que Dieu voulait que son temple ressemble. Aucun homme n'a le droit d'introduire ses propres variations dans le plan d'ensemble de Dieu. Quand le roi Salomon construisit le temple, il suivit le plan de Dieu à la lettre.

> « Le sanctuaire avait vingt coudées de longueur, vingt coudées de largeur, et vingt coudées de hauteur. Salomon le couvrit d'or pur. Il fit devant le sanctuaire un autel de bois de cèdre et le couvrit d'or. Il couvrit d'or pur l'intérieur de la maison, et il fit passer le voile dans des chaînettes d'or devant le sanctuaire, qu'il couvrit d'OR. Il couvrit d'or toute la maison, la maison tout entière, et il couvrit d'OR tout l'autel qui était devant le sanctuaire. Il fit dans le sanctuaire deux chérubins. Salomon couvrit d'OR les chérubins...Il couvrit d'OR le sol de la maison, à l'intérieur et à l'extérieur. »
>
> 1 Rois 6 : 20-23, 28,30

« Salomon fit encore tous les autres ustensiles pour la maison de l'Eternel: l'autel D'OR ; la table D'OR, sur laquelle on mettait les pains de proposition ; les chandeliers D'OR pur, cinq à droite et cinq à gauche, devant le sanctuaire, avec les fleurs, les lampes et les mouchettes D'OR ; les bassins, les couteaux, les coupes, les tasses et les brasiers D'OR pur ; et les gonds D'OR pour la porte de l'intérieur de la maison à l'entrée du lieu très saint, et pour la porte de la maison à l'entrée du temple. »

1 Rois 7 : 48-50

Plusieurs années plus tard, un autre roi remplaça l'or par de l'airain. L'airain ressemble beaucoup à l'or. Il lui est « proche et parallèle » , mais il n'est pas l'or. Le roi Roboam amena de l'airain dans la maison de l'Éternel. Cet airain ressemblait peut-être à de l'or véritable, mais il ne plut pas à Dieu. L'airain est un alliage de cuivre et de zinc. En réalité, l'airain diffère beaucoup de l'or pur ! Beaucoup de personnes se laissent tromper lorsque le véritable est remplacé par le pseudo. C'est la raison pour laquelle j'écris le présent ouvrage.

« Schischak, roi d'Égypte, monta contre Jérusalem. Il prit les TRESORS de la maison de l'Éternel et les trésors de la maison du roi, il prit tout. Il prit les boucliers d'or que Salomon avait faits. Le roi Roboam fit à leur place des boucliers D'AIRAIN, et il les remit aux soins des chefs des coureurs, qui gardaient l'entrée de la maison du roi. »

2 Chroniques 12 : 9-10

À travers le présent ouvrage, je voudrais vous aider à garder l'or dans le temple. Vous ne devez remplacer le véritable ministère biblique par rien d'autre. Comme pour beaucoup de professions, le profane ne sait pas vraiment ce que fait tel ou tel professionnel. Le profane ne sait pas vraiment ce que fait un pilote ou un médecin par exemple. Il est important pour quiconque arrive dans le ministère de savoir de quoi il s'agit !

Je me rends compte que beaucoup de personnes aiment entourer ce qu'il font de mystère. Ils le font pour améliorer leur image au sein de la profession. Toutefois, le Seigneur m'a demandé avec instance de vous enseigner en quoi consiste la tâche d'un pasteur. Dans le présent ouvrage, mon objectif n'est pas d'expliquer chaque détail de la fonction de pasteur. Je me contenterai de vous en expliquer dans les grandes lignes.

Ma prière est que vous croyiez à la simplicité du ministère. Je me rends compte qu'en général, les gens préfèrent les choses compliquées aux vérités simples. Ils ont le sentiment que plus une chose est compliquée, plus la probabilité qu'elle vienne de Dieu est grande. Mais les plus grandes vérités sont souvent suffisamment simples pour que le commun des mortels puisse les comprendre.

Dans le livre des Actes, Pierre et les autres apôtres arrivèrent à un tournant du ministère. **Ils devaient décider quelle direction prendre. Ils devaient décider s'ils allaient être de vrais ministres ou des administrateurs séculiers.** Mais ils choisirent le véritable ministère !

« Les douze convoquèrent la multitude des disciples, et dirent : Il n'est pas convenable que nous DÉLAISSIONS LA PAROLE DE DIEU POUR SERVIR AUX TABLES. C'est pourquoi, frères, choisissez parmi vous sept hommes, de qui l'on rende un bon témoignage, qui soient pleins d'Esprit-Saint et de sagesse, et que nous chargerons de cet emploi. Et nous, NOUS CONTINUERONS À NOUS APPLIQUER À LA PRIÈRE ET AU MINISTÈRE DE LA PAROLE. »

Actes 6 : 2-4

Vous devez être capable de faire la différence entre *le véritable ministère* et le *pseudo-ministère*. Le pseudo-ministère n'est pas le véritable ministère ! Comme l'airain, qui est une pâle imitation de l'or. Il est proche de l'or et parallèle à l'or. Il y a beaucoup de choses qui ressemblent au vrai ministère, mais qui ne le sont pas.

Par exemple, être administrateur à l'église vous occupe aux choses du ministère. Beaucoup de pasteurs sont en réalité des administrateurs. On les voit s'affairer dans les bureaux de l'église et autour de ceux-ci. Psychologiquement parlant, ils ont le sentiment de travailler pour Dieu. Après tout, le reste du monde est assis dans un bureau et derrière un ordinateur. Les gens semblent avoir des choses importantes à faire de neuf heures à dix-sept heures chaque jour. Ils sont secrétaires, gardiens, programmeurs informatiques, etc. Le pasteur a l'impression d'être sans emploi quand on ne le voit pas faire les mêmes choses. Il est arrivé que des gens m'appellent à onze heures du matin et me demandent si j'étais encore couché. Ils supposent qu'un pasteur dort toute la semaine.

Chers ministres de l'Évangile, ne vous laissez pas influencer par ce que pensent les gens. Ne cédez pas aux pressions du monde. C'est le prince de la puissance de l'air qui gouverne et dirige le monde. Tout dans ce monde est contrôlé par le monde spirituel. Satan est futé et a séduit le monde entier. Mais cette séduction ne doit pas pénétrer dans l'église.

« ...dans lesquels vous marchiez autrefois, selon le train de ce monde, selon le prince de la puissance de l'air, de l'esprit qui agit maintenant dans les fils de la rébellion.»

Éphésiens 2 : 2

Le monde pense à tort qu'il n'y a aucune vie après la mort. « Mangez, buvez et amusez-vous, car demain, vous serez mort ! Quand vous mourrez, vous êtes comme un chien ! Le ciel et l'enfer sont sur terre ! La vie est ce que vous en faites ! » Ces slogans subtils amènent des multitudes à passer leur vie à courir après l'argent et le plaisir.

Quand ce mode de pensée entre dans l'église, les gens ont le sentiment que seules les choses séculières (non spirituelles) sont importantes. Même des pasteurs subissent des pressions qui les amènent à acheter des ordinateurs et à s'asseoir dans des bureaux comme tout le monde. Mais nous ne sommes pas « tout le monde » ! Nous sommes les bergers du troupeau de Dieu !

Les bergers sont des personnes qui se « salissent » au milieu des brebis. Les bergers sont des personnes qui donnent leur vie pour les brebis. Un berger n'est pas un cadre assis dans un fauteuil !

Quand vous déclarez que votre travail consiste à prier, tout de suite, les gens vous trouvent étrange ! Des représentants du gouvernement ont le culot de demander à l'église d'investir plus de temps dans des choses plus « fructueuses ». Bien sûr ! Qu'y a-t-il de plus fructueux que la prière ? Pourquoi devrions-nous laisser des incrédules nous dire comment faire notre travail ? Pourquoi des impies devraient enseigner à l'église à faire son travail ? L'Église subit tellement de pressions que beaucoup de ministres ont mis de côté la Grande Mission. C'est la principale mission que nous a confié le chef de l'Église.

« Allez, faites de toutes les nations des disciples, les baptisant au nom du Père, du Fils et du Saint-Esprit, et enseignez-leur à observer tout ce que je vous ai prescrit. Et voici, je suis avec vous tous les jours, jusqu'à la fin du monde. »

Matthieu 28 : 19-20

Lisez vous-même ! C'est écrit noir sur blanc ! Aucune activité sociale ou en rapport avec la santé et l'éducation n'y est mentionnée. **La santé et l'éducation doivent être des produits dérivés de la Grande Mission, mais un produit dérivé ne doit pas devenir le produit principal !**

De nos jours, d'importantes sections de l'Église ne sont plus que de simples hôpitaux, écoles, centres d'aide et clubs sociaux. C'est dommage ! Vous remarquerez que les organismes de santé et les institutions éducationnelles ne délaissent pas leurs activités pour prêcher la Parole de Dieu ! Satan esquisse un sourire approbateur quand des ministres de l'Évangile se métamorphosent en politiciens, travailleurs sociaux et agents de santé. L'or du ministère a été remplacé par de l'airain !

On retrouve cette attitude chez le chrétien ordinaire. Un jour, un jeune étudiant m'a fait un rapport de ce qui se passait à l'université..

Il a dit : « Pasteur, Dieu est en train d'agir sur le campus ! »

J'ai dit : « Vraiment ? Que se passe-t-il ? »

Il a répondu : « Dieu y est à l'oeuvre ! »

Je lui ai alors demandé : « Comment cela ? Que fait-il ?»

Il m'a dit : « Les gens réussissent leurs examens ! »

J'étais stupéfait ! « *examens ?* »

Je ne le lui ai pas dit, mais j'ai pensé « Quand Dieu est à l'oeuvre, les gens sont sauvés et remplis de l'Esprit. » Réussir des examens est une bénédiction de Dieu, mais ce n'est pas *l'Action de Dieu*. Ne confondons pas l'oeuvre de Dieu. Comprenons ce que la Bible enseigne au sujet du ministère. Ne prenons pas l'airain pour de l'or. Évitons de subir le même jugement que Roboam et n'emmenons que de l'or dans le temple.

Ma prière est qu'en lisant le présent ouvrage, vous compreniez ce que les pasteurs, les bergers et les leaders de l'église sont censés faire. Il est temps de s'éloigner du « pseudo-ministère ». Ce n'est pas avec quelque chose qui ressemble au véritable ministère, mais qui ne l'est pas, que nous hâterons le retour du Seigneur Jésus-Christ.

Trois raisons

En résumé, les trois raisons pour lesquelles vous devez éviter d'exercer un pseudo-ministère sont les suivantes :

1. **L'Église est la seule institution qui a reçu le mandat deprêcher l'Évangile et de faire de toutes les nations des disciples.** Personne ne fera le travail à notre place !

2. **Nous ne devons pas essayer d'impressionner le monde en faisant ce qu'il voudrait que nous fassions.** C'est Dieu qui nous a appellé, et c'est à lui que nous devons chercher à plaire.

3. **Seul le véritable ministère nous permettra de vaincre Satan et ses compères !** Le pseudo-ministère n'a aucune place dans la grande bataille de la fin des temps.

J'ai un petit code qui nous permettra, à vous et à moi, de nous souvenir des humbles tâches qui doivent être accomplies par un pasteur ordonné par Dieu. Il s'agit du code suivant : P comme Prière, V comme Visites, E comme Enseignement (donner des conseils et prêcher) et I comme interaction (PVEI).

Chapitre 2

Comment atteindre l'excellence dans le ministère ?

Vous pouvez atteindre l'excellence dans le ministère ! Vous n'êtes pas obligé d'avoir un ministère médiocre. Mais vous devez savoir que l'excellence doit être atteinte selon *les normes établies par Dieu* et non *les normes établies par les hommes*. Dans ce court chapitre, mon propos est de vous indiquer quatre clefs qui ont amené l'excellence dans le ministère de Jésus.

Jésus-Christ est le meilleur exemple pour nous tous. Il nous a été donné pour que nous voyions à quoi ressemble Dieu. Dans chaque situation, nous pouvons suivre le meilleur des exemples.

«...et qui, étant le reflet de sa gloire et L'EMPREINTE de sa personne...»

Hébreux 1 : 3

Souvenez-vous de ceci : quand vous ne savez pas quoi faire, faites ce que Jésus a fait. Jésus est le bon berger (Jean 10 : 11). Il est le meilleur exemple que puisse suivre un pasteur.

Êtes-vous un bon pasteur ? Qui est celui qui sanctionne votre ministère ? Dieu ou l'homme ? Jésus vous dira-t-il « C'est bien, bon et fidèle serviteur ? »

Jésus, modèle d'excellence

Jésus étant le modèle par excellence, laissons-le nous donner des orientations en ce qui concerne le ministère. J'aimerais que nous examinions quatre principaux aspects du ministère du bon berger, à savoir la prière, les visites, l'enseignement et l'interaction (PVEI).

Une bonne compréhension de ces quatre aspects du ministère de Jésus transformera votre ministère pastoral.

1. Prière

« Vers le matin, pendant qu'il faisait encore très sombre, il se leva, et sortit pour aller dans un lieu désert, où il PRIA. »

Marc 1 : 35

2. Visites

« En sortant de la synagogue, ils SE RENDIRENT avec Jacques et Jean A LA MAISON de Simon et d'André. »

Marc 1 : 29-31

3. Enseignement

« Il leur répondit : allons ailleurs, dans les bourgades voisines, afin que j'y PRECHE aussi ; car c'est pour cela que je suis sorti. Et il alla PRECHER dans les synagogues, par toute la Galilée, et il chassa les démons. »

Marc 1 : 38-39

4. Interaction

« Comme il PASSAIT LE LONG DE LA MER DE GALILÉE, IL VIT SIMON ET ANDRE, frère de Simon, qui jetaient un filet dans la mer ; car ils étaient pêcheurs. JESUS LEUR DIT: Suivez moi, et je vous ferai pêcheurs d'hommes. »

Marc 1 : 16-17

Ces passages des Écritures montrent que Jésus était un homme de prière, de prédication, de visites et d'interaction.

Partie II
LA PRIÈRE

Chapitre 3

Dix raisons pour lesquelles tout ministre devrait prier

La prière constitue le fondement de tout véritable ministère. La prière est en fait *le ministère*. Quiconque découvre cette réalité aura un grand et fructueux ministère. Je vais vous donner dix raisons pour lesquelles tout ministre devrait prier.

Les dix raisons

1. Parce que la prière est un grand acte de foi.

La prière constitue l'un des plus grands actes de foi. Avant, je ne le savais pas ! J'avais toujours pensé que la prière était différente du fait de poser un acte de foi. **Mais aujourd'hui, je me rends compte que la prière démontre et libère la foi.** La raison en est simple. Chaque fois que vous priez, vous êtes en train de déclarer que vous ne mettez pas votre confiance dans le bras de la chair. N'avez-vous pas remarqué que chaque fois que vous commencez à prier, vous vous mettez à penser à la centaine de choses que vous avez à faire ?

Quelque chose vous dit de passer un coup de fil. Quelque chose vous dit de vous lever et de partir. Quelque chose vous dit d'organiser telle réunion pour que tout se passe bien. En décidant de prier, vous déclarez que la prière aura plus d'effet que toutes ce que vous avez à faire dans le monde naturel. En d'autres termes, vous déclarez que l'intervention directe de Dieu est la chose la plus importante pour votre ministère. C'est cela, faire confiance à la main de Dieu.

> **« Jésus leur adressa une parabole, pour montrer qu'il faut toujours prier, et ne point se relâcher. Il dit : Il y avait dans une ville un juge qui ne craignait point Dieu et qui n'avait d'égard pour personne. Il y avait aussi dans cette ville une veuve qui venait lui dire : Fais-moi**

justice de ma partie adverse. Pendant longtemps il refusa. Mais ensuite il dit en lui-même : Quoique je ne craigne point Dieu et que je n'aie d'égard pour personne, néanmoins, parce que cette veuve m'importune, je lui ferai justice, afin qu'elle ne vienne pas sans cesse me rompre la tête. Le Seigneur ajouta : Entendez ce que dit le juge inique. Et Dieu ne fera-t-il pas justice à ses élus, qui crient à lui jour et nuit, et tardera-t-il à leur égard ? Je vous le dis, il leur fera promptement justice. Mais, quand le Fils de l'homme viendra, TROUVERA-T-IL LA FOI sur la terre ? »

Luc 18 : 1-8

Après avoir donné cette grande leçon sur la prière, Jésus posa une question importante : trouverai-je la foi sur la terre ? Par-là, il voulait dire : « Trouverai-je sur terre des personnes qui prient ? » En d'autres mots, Jésus se demandait s'il trouverait cette expression de la foi (la prière) lorsqu'il reviendrait sur la terre.

La prière est une expression de la foi

Vous voulez être un grand homme de foi ? Un homme de foi est un homme qui accomplit de grands exploits. Devenez un grand homme de foi en devenant un homme de prière. La Prière constitue l'une des plus grandes expressions de notre foi en Dieu.

« Or sans la foi il est impossible de lui être agréable; car il faut que celui qui s'approche de Dieu croie que Dieu existe, et qu'il est le rémunérateur de ceux qui le cherchent. »

Hébreux 11 : 6

Comme vous pouvez le constater, il est impossible d'être agréable à Dieu sans la foi. Cela signifie que vous ne pouvez pas être agréable à Dieu sans la prière. Ce n'est pas en étant un administrateur, un comptable ou un génie de l'informatique que vous êtes agréable à Dieu. C'est lorsque vous priez et montrez que vous avez foi en lui que vous êtes agréable à Dieu.

2. Parce que la prière fait de vous une personne d'autorité.

« Après que Jésus eut achevé ces discours, la foule fut frappée de sa doctrine ; car il enseignait COMME AYANT AUTORITE, et non pas comme leurs scribes. »

Matthieu 7 : 28-29

Vous remarquerez que Jésus était un homme d'autorité. L'autorité peut être définie comme étant une « *aura magnétique, difficile à décrire et invisible qui entoure un homme de Dieu.* » L'autorité vient de votre proximité avec Dieu. Plus vous êtes proche d'une personne, plus vous avez de l'assurance lorsque vous parlez d'elle. Vous aurez plus d'autorité lorsque vous parlerez de lui.

Par exemple, lorsque quelqu'un d'important décède, sa mort peut ne pas être annoncée immédiatement. Il y a plusieurs raisons à cela. Par exemple, l'un des chefs d'État du Nigeria, le général Aguiyi-Ironsi, fut assassiné le 28 juillet 1966, mais son décès ne fut annoncé que le 14 janvier 1967. Mais quiconque était proche de sa famille pouvait dire avec certitude s'il était décédé ou non. Si une telle personne affirmait qu'il était décédé, les gens l'auraient crue parce qu'elle était proche de la famille du défunt. *Plus vous êtes proche, plus vous avez de l'autorité.*

Plus vous priez, plus vous êtes proche de Dieu. Si vous êtes proche de Dieu, cela signifie que vous avez plus d'autorité tant auprès de Dieu que des hommes. Pendant que vous priez, une aura magnétique et invisible se forme autour de vous. Les gens vous suivront sans que vous ne sachiez pourquoi ! Vous aurez une foule sans même savoir pourquoi ! Votre enseignement sera plus puissant ! Les gens suivront vos instructions ! Tout cela résulte de la prière ministérielle, qui fait de vous un homme d'autorité.

Comment Jésus est devenu un homme d'autorité

Jésus n'a pas été présenté à ce monde par qui que ce soit. Personne ne l'a nommé enseignant. En fait, son passé suscitait des questions et beaucoup avaient des réserves par rapport à sa parenté. Mais Jésus connaissait le secret qui permettait d'avoir de l'autorité auprès des hommes. Il se rendit dans le désert et s'attendit à Dieu.

« Jésus, revêtu de la puissance de l'Esprit, retourna en Galilée, et sa renommée se répandit dans tout le pays d'alentour. »

Luc 4 : 14

Le mot « puissance » est une traduction du mot grec *dunamis,* qui signifie « *puissance miraculeuse, capacité, abondance, force, violence, oeuvre puissante et merveilleuse et puissance habilitante.* » Jésus était devenu un homme d'autorité ! Il avait une nouvelle force, une nouvelle abondance et une nouvelle puissance. Cette nouvelle aura magnétique et invisible qui entourait Jésus venait de la prière. Quand il prêcha son premier sermon à Nazareth, la réaction des gens fut extraordinaire.

« ET TOUS LUI RENDAIENT TEMOIGNAGE ; ILS ETAIENT ETONNES des paroles de grâce qui sortaient de sa bouche. »

Luc 4 : 22

Jésus obtint des résultats tout aussi grands à Capernaüm. Les gens étaient tout simplement étonnés par ses prédications et son ministère.

« Il descendit à Capernaüm, ville de la Galilée ; et il enseignait, le jour du sabbat. ON ETAIT FRAPPE de sa doctrine ; car il parlait avec autorité. »

Luc 4 : 31-32

D'où lui venait cette autorité selon vous ? D'où venaient toutes ces foules ? Pourquoi les gens se mettaient-il soudain à écouter cet homme de trente ans ? C'est ce que j'appelle *l'aura magnétique, difficile à décrire et invisible qui entoure un homme de prière.* Peut-être n'avez-vous personne pour vous introduire dans le ministère. Comme Jésus, vous pouvez devenir un homme d'autorité et obtenir de la reconnaissance.

3. Parce que la prière fait de vous une personne ointe.

Quand vous êtes proche d'une personne, elle déteint sur vous. Chaque fois que vous passez du temps dans la prière, vous passez du temps à parler à Dieu. Plus vous parlez à une personne, plus vous vous en rapprochez. Plus vous êtes proche d'une personne, plus elle déteint sur vous. Désirez-vous qu'une partie de la gloire de Dieu déteigne sur vous ? Voulez-vous que l'onction repose sur votre vie ?

J'aurais voulu vous indiquer un moyen plus facile, mais seule la prière vous permettra de vous rapprocher de Dieu.

L'exemple de Moïse nous le prouve. Moïse alla à la montagne et resta longtemps dans la présence du Seigneur.

« Moïse entra au milieu de la nuée, et il monta sur la montagne. Moïse demeura sur la montagne quarante jours et quarante nuits. »

Exode 24 : 18

Vous remarquerez que Moïse passait de longues heures en compagnie du Seigneur. Après tant de temps passé sur la montagne, la gloire du Seigneur était visible sur lui. Cher pasteur, c'est ce qui vous arrivera lorsque vous passerez des heures avec le Seigneur. Votre vie et votre ministère seront remplis de gloire.

« Or, si le ministère de la mort, gravé avec des lettres sur des pierres, a été glorieux, au point que les fils d'Israël ne pouvaient fixer les regards sur LE VISAGE DE MOÏSE, À CAUSE DE LA GLOIRE de son visage... »

2 Corinthiens 3 : 7

4. Parce que la prière permet de lier les activités démoniaques dans votre ministère.

Cher ami pasteur, une église n'est pas une organisation séculière. Vous devez lier le diable pour plusieurs raisons importantes :

a. Vous devez lier ses activités, qui amènent des divisions et de la déloyauté parmi les leaders.

b. Vous dever lier son influence, qui entraîne le recul spirituel, l'immoralité et le péché chez les membres de votre église.

c. Vous devez lier les démons qui amènent la pauvreté, la dépression et l'oppression dans la vie de vos membres.

d. Vous devez lier les esprits qui suscitent des accusations et des calomnies contre l'église.

Que cela vous plaise ou non, Satan confie à des démons la mission d'attaquer et détruire l'église. Je vous conseille de lire mon livre *Loyauté et déloyauté- Ceux qui sont ignorant,* qui vous donnera un aperçu plus complet de l'activité des démons contre votre ministère.

Si vous ne liez pas le diable, c'est lui qui vous liera dans votre propre église. Vous ne pourrez pas exercer votre ministère. Personne ne recevra ce que vous avez à offrir et vous vous demanderez ce qui se passe. Le diable dispersera constamment votre congrégation. Votre église fera constamment l'objet d'une série complexe d'histoires, d'accusations, de commérages et de discussions qui la diviseront. Levez-vous aujourd'hui et liez Satan et les démons qui se trouvent dans votre église.

5. Parce que la prière crée et génère de nouvelles dimensions dans le ministère.

« ...À peine en travail, SION A ENFANTÉ SES FILS ! »

Ésaïe 66 : 8

Il est très important de savoir que la prière comporte un pouvoir créatif. Si vous débutez dans le ministère, vous devrez prier jusqu'à ce quelque chose qui n'existe pas vienne à l'existence. Créer une chose et l'entretenir sont deux choses différentes.

Beaucoup de personnes sont capables d'entretenir ce qui a été créé, mais il faut un homme de prière pour créer de nouvelles choses.

Si on vous envoie faire une oeuvre de pionnier quelque part, soyez un homme de prière. Un homme de prière est quelqu'un qui crée de nouvelles dimensions spirituelles. L'apôtre Paul était un homme de prière. Il a dit ce qui suit :

> « **Mes enfants, pour qui j'éprouve de nouveau les douleurs de l'enfantement, jusqu'à ce que CHRIST SOIT FORMÉ EN VOUS.** »
>
> **Galates 4 : 19**

Paul dut travailler pour que Christ soit formé en ces chrétiens. Paul n'essaya pas d'utiliser un autre moyen pour y parvenir. **Former des comités, organiser des réunions, faire des études bibliques et montrer de l'amour ne crée pas de nouvelles dimensions.** Cela fait des années que je participe à l'établissement de nouvelles églises, de nouveaux groupes de partage et de nouveaux ministères. Mon expérience me permet de vous faire quelques suggestions. La première est de PRIER. La deuxième est de PRIER. Et la troisième est de PRIER !

6. **Parce que la prière constitue le premier commandement apostolique d'un ministre.**

L'apôtre Paul avait beaucoup de bons conseils et de bons enseignements pour son fils Timothée. Il lui enseigna tout ce qu'il était possible d'enseigner dans le ministère. Paul lui enseigna comment étudier la Bible, former des pasteurs et aussi comment traiter les rebelles. Mais en examinant bien les instructions données par Paul à son fils Timothée, on se rend compte que la première chose qu'il lui recommanda était de prier.

> « **J'exhorte donc, AVANT TOUTES CHOSES, à faire des prières, des supplications, des requêtes, des actions de grâces, pour tous les hommes, pour les rois et pour tous ceux qui sont élevés en dignité, afin que nous menions une vie paisible et tranquille, en toute piété et honnêteté. Cela est bon et agréable devant Dieu notre Sauveur.** »
>
> **1 Timothée 2 : 1-3**

On fait souvent référence à ce passage quand on enseigne à l'église à prier pour le gouvernement. Je suis d'accord que ce verset nous enseigne à prier pour nos dirigeants. Mais j'aimerais attirer votre attention sur le fait que c'est la première instruction importante que Paul donna à Timothée. Et celle-ci était de prier. Le premier chapitre de la première épître à Timothée ne comporte aucune instruction majeure.

Dans cette très importante épître, l'apôtre estima qu'il était important, avant toutes choses, de dire à Timothée de prier. Un ministre a beaucoup de choses à faire, mais *avant toutes choses*, il doit prier !

7. **Parce que les apôtres refusèrent de renoncer à la prière à cause des pressions liées aux tâches administratives.**

   « Les douze convoquèrent la multitude des disciples, et dirent : Il n'est pas convenable que nous laissions la parole de Dieu pour servir aux tables. C'est pourquoi, frères, choisissez parmi vous sept hommes, de qui l'on rende un bon témoignage, qui soient pleins d'Esprit-Saint et de sagesse, et que nous chargerons de cet emploi. Et nous, nous continuerons à nous appliquer à la prière et au ministère de la parole. »

   Actes 6 : 2-4

Quand l'église primitive se mit à grandir, les apôtres commencèrent à subir des pressions qui risquaient de faire d'eux des administrateurs.

Le mystère du ministère réside dans le fait que quand prie, on enfante beaucoup d'âmes et on porte beaucoup de fruit. Ces nouveaux fruits ont besoin d'attention et de temps. Leurs besoins vous submergeront. Vous aurez réellement à coeur de les aider. Plus vous prendrez du temps pour les aider, moins vous aurez le temps de prier. Si vous priez moins, votre ministère stagnera ou connaîtra un déclin. **Votre plus grand devoir consiste par conséquent à trouver un équilibre entre nécessité de prendre soin des âmes et nécessité de prier.** J'éprouve constamment des difficultés dans ce domaine.

Pierre et les autres apôtres prirent la bonne décision et préservèrent ainsi leurs ministères. C'est à nous de prendre la relève. Notre plus grand besoin est de passer des heures dans la prière. Ne cédons pas aux pressions qui veulent nous amener à négliger la grande responsabilité qui est la nôtre, celle d'intercéder. Si nous négligeons la prière, qui s'en chargera ?

Qu'est-ce qui fait la différence entre les sections vivantes et les sections endormies de l'église d'aujourd'hui ? C'est la prière ! Les sections qui sont vivantes sont celles où coule le sang de Jésus et où les gens sont sauvés. Du point de vue médical, une personne est en vie lorsque son coeur bat et que le sang coule à travers son corps. Une personne est également déclarée vivante lorsque le docteur peut entendre l'air passer à travers ses poumons.

Du point de vue spirituel, quand le sang de Jésus coule à travers le corps et que les gens sont sauvés, on peut dire que l'église est en vie. Quand le Saint Esprit souffle à travers le corps, on peut également dire que l'église est vivante.

Il y a beaucoup d'églises où personne n'est jamais sauvé, ni rempli de l'Esprit. Ce sont les parties mortes de l'église. L'église a toujours eu des parties mortes. Voulez-vous que votre église meure ? Voulez-vous faire partie des églises mortes ? J'espère que non !

« Je connais tes oeuvres. Je sais que tu passes pour être vivant, et TU ES MORT. »

Apocalypse 3 : 1

La prière constitue l'un des signes distinctifs de ce que les gens appellent réveil. Où entend-on des cris et des prières toute la nuit ? Où entend-on de longues réunions de prière et des gens parler en langues ? Dans ces endroits, les gens sont continuellement sauvés et remplis du Saint-Esprit.

Ne prenez pas la prière à la légère ! La prière est le cordon ombilical de votre ministère. C'est pourquoi les apôtres n'ont pas abandonné le ministère de la prière même lorsqu'ils subissaient beaucoup de pressions.

8. Parce que la prière constitue la plus grande partie du ministère de Christ.

1 unité de prédication : 571,4 unités de prière.

Pensez-y. Jésus prêcha et enseigna pendant trois années et demie. Depuis, il intercède pour nous. Trois années et demie d'enseignement contre deux mille années de prière ! Cela donne un ratio d'une unité de prédication sur cinq cent soixante-onze unités de prière. C'est un ratio surprenant ! **La plupart des ministres ont plus de dix unités de prédication pour une unité de prière !**

Vous ignoriez peut-être que Jésus poursuit son ministère auprès de nous. La Bible enseigne très clairement que Jésus est notre berger et qu'il se soucie de nous. Imaginez que vous êtes le pasteur d'une congrégation et que vous devez vous rendre à l'étranger. Votre coeur ne serait-il pas près de ceux que vous avez laissé en partant ? Ne prieriez-vous pas pour eux ? Ne leur enverriez-vous pas des messages ? N'enverriez-vous pas des présents à la congrégation pour la soutenir le long du chemin ? C'est exactement ce qui se passe avec Jésus. Il ne cesse de nous envoyer des messages, des présents et des bénédictions.

Notez ces passages révélateurs des Écritures :

> **« C'est aussi pour cela qu'il peut sauver parfaitement ceux qui s'approchent de Dieu par lui, ÉTANT TOUJOURS VIVANT POUR INTERCÉDER en leur faveur. »**
>
> **Hébreux 7 : 25**

> **« ...Christ est mort ; bien plus, il est ressuscité, il est à la droite de Dieu, et IL INTERCÈDE POUR NOUS ! »**
>
> **Romains 8 : 34**

Jésus est vivant ! Il peut nous sauver parfaitement ! En d'autres mots, Il nous sauve de toute situation extrême et pénible. Nous sommes sauvés parfaitement parce que Jésus prie. Le salut a une incidence sur tous les aspects de notre vie parce que Jésus intercède pour nous. Pensez à la manière dont vos fidèles seraient sauvés parfaitement si vous priiez comme Jésus.

La grandeur de notre ministère dépend de notre capacité à intercéder

Même dans l'Ancien Testament, des prédictions étaient faites concernant le grand ministère de Jésus parce qu'il allait être un intercesseur. L'intercession fait réellement de vous un grand homme de Dieu. J'ai rarement vu un grand homme de Dieu qui n'est pas aussi un homme de prière. Le cycle est le suivant : *homme de prière signifie homme de foi, qui siginfie grand homme de Dieu.*

> **« C'est pourquoi je lui donnerai SA PART AVEC LES GRANDS ; Il partagera le butin avec les puissants, parce qu'il s'est livré lui-même à la mort, et qu'il a été mis au nombre des malfaiteurs, parce qu'il a porté les péchés de beaucoup d'hommes, et qu'IL A INTERCÉDÉ pour les coupables. »**
>
> **Ésaïe 53 : 12**

Vous voulez faire partie de la grande et puissante armée de Dieu ? Fuyez les débats, les disputes et les discussions sans fin. Devenez un intercesseur dès aujourd'hui.

9. Parce que la prière libère les captifs.

Si vos yeux sont ouverts spirituellement, vous verrez soudainement des millions de personnes spirituellement captives. Elles sont captives de puissances démoniaques relâchées sur terre.

> **« Pour proclamer aux captifs la délivrance. »**
>
> **Luc 4 : 18**

Selon moi, les personnes qui subissent le plus d'oppression sont celles qui vivent en Europe. Notre devoir en tant que ministres consiste à réduire l'emprise de ces puissances démoniaques sur les âmes qui sont sur cette terre. Au mieux, notre combat spirituel peut permettre de déloger, déplacer ou délocaliser temporairement les forces démoniaques, afin que le royaume de Dieu prenne le dessus pour un temps.

« ...pour renverser des forteresses . »

2 Corinthiens 10 : 4

Les démons qui étaient dans le lunatique de Gadara voulaient rester dans la région, et c'est ce qu'ils obtinrent. Jésus se contenta de les déplacer dans la communauté de Gadara. La Bible dit que le diable a le droit d'être sur terre. Il ne sert à rien d'essayer de chasser le diable de la terre. Satan a un temps de location qu'il utilise au maximum. Il a rappelé à Jésus que le temps n'était pas venu pour eux d'être chassés de la terre.

« ...Fils de Dieu ? Es-tu venu ici pour nous tourmenter AVANT LE TEMPS ? »

Matthieu 8 : 29

Le moment viendra où Satan sera chassé de terre de manière permanente. Ce ne sera pas à nous de le faire. C'est un puissant ange venu du ciel qui s'en chargera. Notre devoir consiste à affaiblir la forteresse de manière à ce que certains captifs puissent s'échapper. Nous pouvons affaiblir la forteresse du diable par la prière.

C'est la raison pour laquelle le diable a dit : « Es-tu venu avant le temps ? » Le diable sait lire et écrire. Il voit que son futur jugement est écrit noir sur blanc. Quand cela arrivera, il ne pourra plus ni séduire, ni détruire les habitants de la terre. Lisez vous-même.

« Puis je vis descendre du ciel un ange, qui avait la clef de l'abîme et une grande chaîne dans sa main. Il saisit le dragon, le serpent ancien, qui est le diable et Satan, et il le lia pour mille ans. Il le jeta dans l'abîme, FERMA et scella l'entrée au-dessus de lui, afin qu'il NE SEDUISIT PLUS LES NATIONS, jusqu'à ce que les mille ans fussent accomplis. Après cela, il faut qu'il soit délié pour un peu de temps... »

Apocalypse 20 : 1-3

Mille ans plus tard

« ...Et le diable, qui les séduisait, fut jeté dans l'étang de feu et de soufre, où sont la bête et le faux prophète. Et ils seront tourmentés jour et nuit, aux siècles des siècles. »

Apocalypse 20 : 10

Pour l'instant, la seule chose que nous pouvons faire consiste à affaiblir l'emprise des puissances sataniques sur les âmes des hommes. Une fois que cette emprise est affaiblie, les captifs peuvent s'en aller libres. Quand vous priez, le pouvoir du diable qui lui permet de retenir des non-croyants est affaibli. La prière est notre plus grande arme. C'est la raison pour laquelle il ne se passe rien quand personne ne prie. C'est pourquoi il se passe beaucoup de choses quand les gens prient ! C'est pourquoi le diable fait tout ce qui est en son pouvoir pour vous empêcher de prier.

« Car les armes avec lesquelles nous combattons ne sont pas charnelles ; mais elles sont puissantes, par la vertu de Dieu, pour RENVERSER DES FORTERESSES. »

2 Corinthiens 10 : 4

Comme le diable sait que nous n'avons aucune arme naturelle, il essaie souvent de nous amener à n'agir que dans le monde naturel. Quelle erreur que de fonctionner principalement dans le naturel, un monde dans lequel nous sommes désarmés et manquons de puissance ! Que le Seigneur ouvre vos yeux pour que vous compreniez cette révélation concernant la prière !

10. Parce que la prière a une grande efficacité.

« Confessez donc vos péchés les uns aux autres, et priez les uns pour les autres, afin que vous soyez guéris. La prière fervente du juste a une grande efficacité. »

Jacques 5 : 16

La Bible enseigne que la prière a une grande efficacité. Presque tous les chrétiens connaissent ce célèbre passage des Écritures relatif au pouvoir de la prière. L'expression « grande efficacité » est un peu floue pour nous. Je vous en donne ci-après dix définitions.

« Avoir une grande efficacité » signifie :

a. *Réussir*

b. *Prévaloir*

c. *Vaincre*

d. *Pouvoir faire quelque chose*

e. *Être fort face à une force adverse*

f. *Être utile*

g. *Avoir une incidence*

h. *Faire une impression*

i. *Être efficace*

j. *Accomplir beaucoup*

J'aime aussi beaucoup les diverses traductions de ce passage (Jacques 5 : 16).

« La prière fervente d'une personne juste a une grande efficacité. »

(Bible en français courant)

« La requête d'un juste agit avec beaucoup de force. »
(TOB)

« La supplication fervente du juste a beaucoup de puissance. »

(Bible de Jérusalem)

« La fervente supplication du juste peut beaucoup. »
(Darby)

Chapitre 4

Dix-huit faits relatifs
au combat spirituel

Le combat spirituel, c'est l'art de combattre des forces spirituelles présentes sur terre. Ces forces retiennent des millions d'âmes captives. Comme dit la Bible, le diable a séduit le monde entier. Nous ne réussirons peut-être pas à nous débarasser de lui maintenant, mais nous arriverons certainement à réduire son emprise sur les foules au moyen de nos prières. Nous savons qu'un jour, son cas sera définitivement réglé.

> **« Puis je vis descendre du ciel un ange, qui avait la clef de l'abîme et une grande chaîne dans sa main. Il saisit le dragon, le serpent ancien, qui est le diable et Satan, et il le lia pour mille ans. Il le jeta dans l'abîme, ferma et scella l'entrée au-dessus de lui, afin qu'il ne séduisît plus les nations, jusqu'à ce que les mille ans fussent accomplis. Après cela, il faut qu'il soit délié pour un peu de temps. »**
>
> **Apocalypse 20 : 1-3**

> **« Et le diable, qui les séduisait, fut jeté dans l'étang de feu et de soufre, où sont la bête et le faux prophète. Et ils seront tourmentés jour et nuit, aux siècles des siècles. »**
>
> **Apocalypse 20 : 10**

Permettez-moi maintenant de partager avec vous dix-huit faits relatifs au combat que nous menons contre les hordes démoniaques présentes sur terre, et que vous devriez connaître.

1. Notre principal ennemi c'est Satan, et non les autres êtres humains.

Il est à la tête de hordes de forces démoniaques sur terre. Satan est un être puissant qui a chuté et perdu une position glorieuse.

« Te voilà tombé du ciel, Astre brillant, fils de l'aurore ! Tu es abattu à terre, toi, le vainqueur des nations ! Tu disais en ton coeur : je monterai au ciel, j'élèverai mon trône au-dessus des étoiles de Dieu ; je m'assiérai sur la montagne de l'assemblée, à l'extrémité du septentrion ; je monterai sur le sommet des nues, je serai semblable au Très-Haut. Mais tu as été précipité dans le séjour des morts, dans les profondeurs de la fosse.

Ceux qui te voient fixent sur toi leurs regards, Ils te considèrent attentivement : est-ce là cet homme qui faisait trembler la terre, qui ébranlait les royaumes, qui réduisait le monde en désert, qui ravageait les villes, et ne relâchait point ses prisonniers ? Tous les rois des nations, oui, tous, reposent avec honneur, chacun dans son tombeau. Mais toi, tu as été jeté loin de ton sépulcre, comme un rameau qu'on dédaigne, comme une dépouille de gens tués à coups d'épée, et précipités sur les pierres d'une fosse, comme un cadavre foulé aux pieds. »

Ésaïe 14 : 12-19

2. Satan, un être intelligent, a recours à la séduction, à des ruses et à des plans extraordinaires/machiavéliques.

Satan, qui est notre principal ennemi, sait qu'il n'a aucune chance face à la puissance de l'église.

« Revêtez-vous de toutes les armes de Dieu, afin de pouvoir tenir ferme contre les RUSES du diable. »

Éphésiens 6 : 11

3. Pour vaincre notre ennemi, nous devons en savoir le plus possible sur lui.

C'est l'un des principes de guerre les plus importants. C'est un moment où les armées séculières mènent des actions de reconnaissance et de recueil de renseignements. Sans ces renseignements, on pourra facilement vous vaincre. Demandez à l'armée américaine ce qui lui arriva au VietNam.

4. Satan a une nature / un caractère contagieux qu'il transmet à ceux qui le suivent.

Examiner les vingt noms et titres de Satan permet d'obtenir un grand nombre de renseignements sur notre ennemi. Connaissez votre ennemi, vous pourrez ainsi le vaincre.

5. Satan a le droit d'être sur terre.

Il l'a dit à Jésus. Il montra les nations du monde à Jésus et les lui offrit. Jésus ne répondit pas au diable qu'il était un menteur. Il savait que le diable avait le pouvoir de céder les nations du monde. Il n'émit aucun doute à ce sujet. Si cela n'avait pas été le cas, Jésus n'aurait pas été tenté.

> **« Le diable… lui dit : je te donnerai toute cette puissance, et la gloire de ces royaumes ; car elle m'a été donnée, et je la donne à qui je veux. »**
>
> **Luc 4 : 6**

6. Le diable sait qu'il a un droit de bail sur terre.

Ce bail expire bientôt et le diable le sait. Dans le combat spirituel, notre ennemi, c'est le diable. Satan connaît la date où son bail prendra fin.

> **« Et voici, ils s'écrièrent : qu'y a-t'il entre nous et toi, Fils de Dieu ? Es-tu venu ici pour nous tourmenter AVANT LE TEMPS ? »**
>
> **Matthieu 8 : 29**

7. Il ne nous incombe pas de débarasser la terre de Satan et de ses démons.

Jésus lui-même n'a pas essayé de le faire ! Vous ne pouvez pas essayer de faire sortir un locataire d'un appartement avant la fin de son bail. Vous savez qu'il vous poursuivra en justice. Notre devoir en tant que ministres consiste à affaiblir l'emprise des puissances démoniaques sur les âmes qui se trouvent sur terre. Au mieux, notre combat spirituel peut permettre de déloger, déplacer ou délocaliser temporairement les forces démoniaques, afin que le royaume de Dieu prenne le dessus pour un temps.

« ...pour renverser des forteresses. »

2 Corinthiens 10 : 4

8. Satan est un locataire très méchant.

Un locataire est quelqu'un qui détient un droit de bail sur une propriété. Satan est le dieu de ce monde pour un temps. La Bible dit que c'est la raison pour laquelle le monde entier est entre ses méchantes mains.

« Nous savons que nous sommes de Dieu, et que LE MONDE ENTIER EST SOUS LA PUISSANCE DU MALIN. »

1 Jean 5 : 19

La propriété que loue Satan tremble devant sa méchanceté. Un jour, sa puissance sera à jamais détruite.

9. Même si nous ne pouvons pas nous débarasser définitivement de Satan, nous pouvons mener différents types de combats contre lui.

Nous pouvons *lutter* contre lui (Éphésiens 6 : 12). Nous pouvons le *chasser* des gens (Marc 5 : 13). Nous pouvons le *lier* (Matthieu 18 : 18). Nous pouvons *renverser* ou *affaiblir* ses forteresses (2 Corinthiens 10 : 4). Nous pouvons *combattre sa séduction* par la Parole (Hébreux 4 : 12).

10. La principale stratégie de Satan consiste à capturer le monde par groupes de « forteresses » ayant une certaine manière de penser.

La stratégie du diable consiste à amener le monde à penser d'une certaine manière, afin de l'amener à s'autodétruire. Les grandes philosophies de ce monde, à savoir l'humanisme, l'athéisme, le communisme et le marxisme, sont des manifestations de l'imagination du diable. C'est cette imagination (courants de pensée) qui amène des foules de personnes à s'autodétruire.

« Car les armes avec lesquelles nous combattons ne sont pas charnelles ; mais elles sont puissantes, par la vertu de Dieu, pour renverser des forteresses. Nous RENVERSONS LES RAISONNEMENTS et toute hauteur qui s'élève contre la connaissance de Dieu, et nous amenons toute pensée captive à l'obéissance de Christ. »

2 Corinthiens 10 : 4-5

11. Les ministres doivent comprendre le rôle que joue la parole dans le combat spirituel.

L'église doit destabiliser et affaiblir les forteresses érigées sur des territoires, des nations, des peuples et des églises. Tous les ministres doivent s'assurer que la Parole de Dieu occupe la première place. Plus la Parole de Dieu se répand, plus l'emprise de Satan sur les âmes diminue. Lisez ce passage étonnant des Écritures et croyez en la puissance de la Parole.

La parole de Dieu SE RÉPANDAIT DE PLUS EN PLUS, LE NOMBRE DES DISCIPLES AUGMENTAIT BEAUCOUP à Jérusalem….

Actes 6 : 7

Plus la Parole de Dieu se répand, plus le nombre des disciples augmente. C'est pourquoi j'écris des livres et je prêche de toutes mes forces et autant que possible. Je sais ce que cela fait au royaume des ténèbres.

12. Les leaders chrétiens doivent se servir de l'arme à deux volets (la prière et la Parole) pour vaincre Satan dans le combat spirituel.

Le ministère de la prière et le ministère de la Parole sont le véritable ministère. C'est cela l'arme à deux tranchants que Dieu nous a donnée. Les apôtres l'utilisaient ! Ils refusaient de s'éloigner du ministère de la Parole et de la prière.

« Les douze convoquèrent la multitude des disciples, et dirent : Il n'est pas convenable que nous laissions la parole de Dieu pour servir aux tables. Et nous, nous continuerons à nous appliquer à la PRIÈRE et au MINISTÈRE DE LA PAROLE. »

Actes 6 : 2-4

13. Celui dont la vie illustre le mieux le combat spirituel, c'est Jésus Christ.

Il enseignait et il priait.

> **« Vers le matin, pendant qu'il faisait encore très sombre, il se leva, et sortit pour aller dans un lieu désert, où il pria. Simon et ceux qui étaient avec lui se mirent à sa recherche ; et, quand ils l'eurent trouvé, ils lui dirent : Tous te cherchent. Il leur répondit : Allons ailleurs, dans les bourgades voisines, afin que j'y prêche aussi ; car c'est pour cela que je suis sorti. »**

Marc 1 : 35-38

Si nous voulons atteindre les mêmes résultats que Jésus, nous devons employer les mêmes méthodes que lui. Et celles-ci consistaient à prier et enseigner.

14. En plus de renverser des forteresses, les ministres peuvent déloger, déplacer ou délocaliser temporairement les forces démoniaques, afin que le royaume de Dieu prenne le dessus.

Au cours de son ministère, Jésus délocalisa des démons en les faisant passer de corps humains à des porcs.

> **« Il le leur permit. Et les esprits impurs sortirent, entrèrent dans les pourceaux, et le troupeau se précipita des pentes escarpées dans la mer : il y en avait environ deux mille, et ils se noyèrent dans la mer. »**

Marc 5 : 13

15. Chaque fois que vous vainquez (affaiblissez ou délogez) le diable, attendez-vous à une contre-attaque.

Quand Jésus vainquit le diable dans le désert, la Bible dit que Satan s'éloigna de lui jusqu'à un moment favorable. Le diable ne le laissa pas tranquille pour toujours. Si vous étiez le diable, laisseriez-vous votre ennemi tranquille pour toujours ? Non ! Vous vous retireriez, vous regrouperiez et attaqueriez de nouveau.

> « Après l'avoir tenté de toutes ces manières, le diable s'éloigna de lui JUSQU'A UN MOMENT FAVORABLE . »
>
> **Luc 4 : 13**

16. La prière et le jeûne sont des armes qui affaiblissent et délogent les forces démoniaques.

Jésus a enseigné que les démons pouvaient être délogés par la prière et le jeûne.

> « Mais cette sorte de démon NE SORT QUE PAR LA PRIÈRE et par le jeûne. »
>
> **Matthieu 17 : 21**

17. La Parole de Dieu aussi affaiblit et tourmente Satan

Notez comment le démon se mit à crier quand Jésus se mit à enseigner la Parole.

> « Il se trouva dans leur synagogue un homme qui avait un esprit impur, et qui s'écria : QU'Y A-T-IL ENTRE NOUS ET TOI, Jésus de Nazareth ?
>
> Tu es venu pour nous perdre. Je sais qui tu es: le Saint de Dieu. Jésus le menaça, disant : tais-toi, et sors de cet homme. »
>
> **Marc 1 : 23-25**

Dans cette histoire, Jésus ne pria pas et ne lia pas le diable. Pourtant, le diable dit : « Arrête » ! Tu me tourmentes ! Tu me fais mal ! La Bible dit que la Parole de Dieu est une épée. Chaque fois que vous prononcez des paroles, vous envoyez des épées dans l'air. Tout pasteur doit utiliser cette puissante épée pour réussir dans le ministère.

18. Tout ministre doit faire attention à ne pas opérer dans le naturel.

La Bible nous prévient que nous n'avons aucune arme dans le monde naturel.

« Car les armes avec lesquelles nous combattons NE SONT PAS CHARNELLES ; mais elles sont puissantes, par la vertu de Dieu, pour renverser des forteresses. »

2 Corinthiens 10 : 4

Comme le diable sait que nous sommes désarmés dans le monde naturel, il essaie de nous occuper à des choses humaines, séculières et naturelles. C'est la raison pour laquelle beaucoup de ministres de l'Évangile sont aujourd'hui enseignants, administrateurs, directeurs, etc. Faites attention à ne pas tomber dans ce piège.

Chapitre 5

Vingt manières de connaître votre ennemi pour pouvoir le vaincre

Pour vaincre votre ennemi, vous devez en savoir le plus possible sur lui. C'est l'un des principes de guerre les plus fondamentaux. C'est la raison pour laquelle les armées séculières mènent des actions de reconnaissance et de recueil de renseignements. La reconnaissance est un art qui consiste à découvrir les forces, les faiblesses, les plans de l'ennemi, et à le localiser. Sans cela, il est impossible de commencer une guerre.

Pour connaître notre ennemi, nous pouvons utiliser une méthode qui consiste à faire une analyse rapide de ses noms et titres. Après tout, un nom en dit long sur une personne. Étudiez les vingt noms et titres de Satan ci-après. Ils vous permettront de savoir à qui vous avez affaire.

1. Diable

« Jésus leur répondit : n'est-ce pas moi qui vous ai choisis, vous les douze ? Et l'un de vous est un démon (diable) ! »

Jean 6 : 70

Le mot « diable » vient du mot grec *diabolos*. Le mot diabolique dérive de ce mot. Le mot *diabolos* révèle la nature profonde de cet être maléfique. Il signifie être *inhumainement cruel ou méchant*. Il signifie également être *terriblement ou scandaleusement méchant*.

2. Satan

« Or, les fils de Dieu vinrent un jour se présenter devant l'Éternel, et SATAN vint aussi au milieu d'eux. »

Job 1 : 6

Ce nom est dérivé du mot hébreu Satan, qui signifie littéralement adversaire. Il signifie être *diabolique* ou *infernal*. Ce nom est employé pour la première fois dans le livre de Job. Il évoque un être très méchant qui décima la famille de Job et détruisit ses affaires.

Satan est l'ennemi numéro un de Dieu et de l'homme. Dans cet intéressant passage, Satan est décrit comme une vraie personne qui semblait avoir accès au ciel. Il sembait aussi pouvoir accuser les frères et chercher à les détruire.

3. L'accusateur de nos frères

« Et j'entendis dans le ciel une voix forte qui disait : maintenant le salut est arrivé, et la puissance, et le règne de notre Dieu, et l'autorité de son Christ ; car il a été précipité, L'ACCUSATEUR DE NOS FRÈRES, celui qui les accusait devant notre Dieu jour et nuit. »

Apocalypse 12 : 10

Ce titre exprime les accusations et les calomnies incessantes dont font l'objet les serviteurs de Dieu.

4. L'adversaire

« Soyez sobres, veillez. Votre adversaire, le diable, rôde comme un lion rugissant, cherchant qui il dévorera. »

1 Pierre 5 : 8

Ce nom traduit le statut d'opposant de Satan, qui combat tout ce que nous faisons. Pas étonnant que l'Évangile se heurte à tant de résistance, d'hostilité et d'antipathie. Les agents de Satan, les non croyants, sont souvent en accord avec l'esprit d'opposition qui combat l'Église et ses leaders. Beaucoup de nations ont des lois hostiles à l'implantation d'églises. Ces dernières procurent beaucoup d'avantages en matière de santé et d'éducation aux nations, mais les leaders politiques n'ont pas d'autre choix que de s'y opposer.

5. L'ange de l'abîme

« Elles avaient sur elles comme roi l'ANGE DE L'ABÎME, nommé en hébreu Abaddon, et en grec Apollyon. »

Apocalypse 9 : 11

Ce nom révèle la destination finale de Satan et de ses acolytes. C'est peut être ce qui explique les efforts effrenés qu'il fournit pour s'emparer de chaque coin de cette terre. Il faut que nous nous levions maintenant et que nous contrecarrions ce diable désespéré à tous les tournants.

6. Bélial

« Quel accord y a-t-il entre Christ et BÉLIAL ? ou quelle part a le fidèle avec l'infidèle ? »

2 Corinthiens 6 : 15

Bélial signifie qui ne vaut rien. Satan est là pour vous dégrader. Observez simplement une personne qui est sous l'influence du diable. Vous remarquerez qu'elle perd sa valeur.

Le diable dégrade des jeunes gens en faisant d'eux des drogués, des trafiquants, des élèves qui abandonnent leurs études. Bélial transforme des jeunes femmes en prostituées et leur donne le sentiment de n'avoir aucune valeur.

7. Béelzébul

« Les pharisiens, ayant entendu cela, dirent : cet homme ne chasse les démons que par BEELZÉBUL, prince des démons. »

Matthieu 12 : 24

Ce nom signifie « Seigneur des mouches ». Un seigneur des mouches est de toute évidence quelqu'un qui supervise les maladies et la mort. Satan est l'auteur des famines, des maladies et de la mort qui frappent des millions de personnes de nos jours.

8. Dieu de ce siècle

« ...pour les incrédules dont le DIEU DE CE SIÈCLE a aveuglé l'intelligence, afin qu'ils ne vissent pas briller la splendeur de l'Évangile de la gloire de Christ, qui est l'image de Dieu. »

2 Corinthiens 4 : 4

« He's got the whole world in his hands » (Le monde entier est entre ses mains) est un chant que nous avons tous appris à l'école du dimanche. Mais dit-elle vrai ? Si le monde entier est entre ses mains, pourquoi y a-t-il tant de guerres et de famine partout ? Pourquoi y a-t-il tant de malheur dans le monde ? Pourquoi la moitié du monde est-elle très riche alors que l'autre moitié est très pauvre ?

Il va sans dire qu'une telle chose ne pourrait arriver si le monde était géré et dirigé par Jehovah. Voyez-vous, Satan est en fait le dieu de ce siècle. Là où Jehovah règne de manière absolue (au ciel), les rues sont en or et les gens vivent dans une félicité suprême.

Un jour, quand le Seigneur prendra le contrôle de ce monde, il y aura une autre terre remplie d'amour, de paix et de joie.

9. Meurtrier

« Vous avez pour père le diable, et vous voulez accomplir les désirs de votre père. Il a été MEURTRIER DES LE COMMENCEMENT, et il ne se tient pas dans la vérité, parce qu'il n'y a pas de vérité en lui. Lorsqu'il profère le mensonge, il parle de son propre fonds ; car il est menteur et le père du mensonge. »

Jean 8 : 44

C'est un titre approprié pour le diable. C'est un meurtrier. C'est un tueur, et il est l'auteur de toutes les effusions de sang de ce monde. Quand il possède un chef d'État, ce dernier peut conduire sa nation dans des guerres insensées qui ne mènent nulle part.

En tuant les pères, époux et frères de milliers de personnes, ce meurtrier reste fidèle à sa réputation.

10. Prince des démons

« Les pharisiens, ayant entendu cela, dirent : cet homme ne chasse les démons que par Béelzébul, PRINCE DES DÉMONS. »

Matthieu 12 : 24

Ce titre nous montre que les forces des ténèbres sont organisées. Les démons sont organisés en armées. Ils sont un commandant général connu sous le nom de Prince des démons. Quand nous nous engageons dans un combat spirituel, c'est un ennemi organisé et intelligent que nous combattons.

11. Prince de la puissance de l'air

« ...dans lesquels vous marchiez autrefois, selon le train de ce monde, selon le PRINCE DE LA PUISSANCE DE L'AIR, de l'esprit qui agit maintenant dans les fils de la rébellion. »

Éphésiens 2 : 2

Ce verset montre que Satan controle l'atmosphère et les ondes radio des nations. Observez attentivement les ondes radio et télé de n'importe quelle nation. Vous vous rendrez compte que Satan domine dans ces domaines. Il est important que les chrétiens se battent pour avoir le contrôle sur les ondes radio. Nous devons lutter pour avoir le contrôle sur les arts, la

culture et la musique de nos pays. C'est le domaine du prince de la puissance de *l'air* et nous avons le devoir de l'en déloger.

12. Prince de ce monde

« Je ne parlerai plus guère avec vous ; car LE PRINCE DU MONDE vient. Il n'a rien en moi ; »

Jean 14 : 30

Ce verset montre que Satan domine le monde et les systèmes du monde. Plus le monde se développe, plus il y a d'impies.

J'ai récemment dit à un ami : « Quand je suis en Europe, j'ai l'impression d'être à Sodome. » J'ai ajouté : « L'Europe, c'est un nouveau Pergame ! »

Pergame était l'endroit où demeurait Satan et le quartier général des activités démoniaques (Apocalypse 2 : 13).

13. Le serpent ancien

> **« Alors le SERPENT dit à la femme : vous ne mourrez point ; »**
>
> **Genèse 3 : 4**

> **« Et il fut précipité, le grand dragon, le SERPENT ANCIEN, appelé le diable et Satan, celui qui séduit toute la terre, il fut précipité sur la terre, et ses anges furent précipités avec lui. »**
>
> **Apocalypse 12 : 9**

Au début, on le qualifia de serpent. À la fin, on le qualifia de serpent. Les serpents font partie des créatures les plus dangereuses que l'on connaisse. Une seule de leurs morçures peut tuer un être humain. Pourtant, les serpents réussissent à vivre près des hommes sans se faire repérer. C'est exactement comme cela que Satan agit.

Il est présent dans l'église et les gens ne le savent même pas. Il est tout près, en train de causer des dommages, mais reste invisible.

Dans notre combat contre le diable, nous devons toujours être conscient que bien qu'invisible, il reste réel. Chaque fois que je marche dans des herbes hautes, je suis conscient du fait qu'il pourrait y avoir des serpents dangereux dans les environs.

Tout pasteur doit être conscient du fait qu'il pourrait y avoir une activité démoniaque invisible tout près.

14. Le tentateur

« Le TENTATEUR, s'étant approché, lui dit : si tu es Fils de Dieu, ordonne que ces pierres deviennent des pains. »

Matthieu 4 : 3

Satan est l'auteur de la tentation ! Il crée des situations où notre résolution d'obéir à Dieu est mise à l'épreuve. Il tenta Jésus et il nous tentera vous et moi. Mais Dieu viendra à notre secours. Il nous fournira un moyen d'échapper à toute tentation.

15. Esprit impur

Lorsque l'ESPRIT IMPUR est sorti d'un homme, il va par des lieux arides, cherchant du repos, et il n'en trouve point.

Matthieu 12 : 43

Le mot « impur » est utilisé à plusieurs reprises pour désigner le diable. C'est ce qu'est le diable. Nous luttons contre un être contagieux qui cherche à vous rendre impur.

Le mot « impur » est une traduction du mot grec *akarthartos*. Il signifie impur, obscène, immonde et sale. C'est un terme qui désigne Satn de manière générale, car sa présence rend tout impur. Des relations pures sont qualifiées d'impures quand des esprits impurs s'y introduisent. Des amitiés pures deviennent impures quand l'accusateur pointe son doigt vers elles.

16. Le malin

« Lorsqu'un homme écoute la parole du royaume et ne la comprend pas, le MALIN vient et enlève ce qui a été semé dans son coeur : cet homme est celui qui a reçu la semence le long du chemin. »

Matthieu 13 : 19

La méchanceté du diable n'a pas son pareil. De temps en temps, des êtres humains qui ont été fortement influencés par

Satan affichent des tendances diaboliques. Les guerres en Sierra Leone, les génocides du Rwanda et du Kosovo témoignent de la méchanceté de Satan. C'est l'ennemi que nous cherchons à déloger et affaiblir. Au nom de Jésus, nous vaincrons le malin.

17. Lucifer (Astre brillant)

« Te voilà tombé du ciel, ASTRE BRILLANT, fils de l'aurore ! Tu es abattu à terre, toi, le vainqueur des nations ! Tu disais en ton coeur : je monterai au ciel, j'élèverai mon trône au-dessus des étoiles de Dieu ; je m'assiérai sur la montagne de l'assemblée, à l'extrémité du septentrion ; »

« Je monterai sur le sommet des nues, je serai semblable au Très-Haut. Mais tu as été précipité dans le séjour des morts, dans les profondeurs de la fosse. »

Ésaïe 14 : 12-15

Lucifer est le nom donné à l'être angélique déchu de la gràce. Le livre d'Ézéchiel décrit Lucifer de façon très détaillée.

« Tu étais en Eden, le jardin de Dieu ; tu étais couvert de toute espèce de pierres précieuses, de sardoine, de topaze, de diamant, de chrysolithe, d'onyx, de jaspe, de saphir, d'escarboucle, d'émeraude, et d'or ; tes tambourins et tes flûtes étaient à ton service, préparés pour le jour où tu fus créé. Tu étais un chérubin protecteur, aux ailes déployées ; je t'avais placé et tu étais sur la sainte montagne de Dieu ; tu marchais au milieu des pierres étincelantes. Tu as été intègre dans tes voies, depuis le jour où tu fus créé Jusqu'à celui où l'iniquité a été trouvée chez toi. »

Ézéchiel 28 : 13-15

On constate que c'était un être extraordinaire ! Cette description de sa gloire montre le genre de créature qu'il est. Si un tel être est corrompu, vous pouvez comprendre le genre de démon qui peut être relâché.

Ce passage décrit les talents musicaux de Satan (tambourin et flûte). Pas étonnant qu'il réussisse à captiver des millions de personnes à travers une musique malsaine.

18. Père du mensonge

« Vous avez pour père le diable, et vous voulez accomplir les désirs de votre père. Il a été meurtrier dès le commencement, et il ne se tient pas dans la vérité, parce qu'il n'y a pas de vérité en lui. Lorsqu'il profère le mensonge, il parle de son propre fonds ; car IL EST MENTEUR et le PÈRE DU MENSONGE. »

Jean 8 : 44

Quand Saddam Hussein envahit le Koweit et déclara la guerre au reste du monde, il effraya l'Amérique en disant ceci : « Nous allons avoir la mère des guerres. » Chaque fois que l'on dit de quelqu'un qu'il est une « mère » ou un « père », cela traduit quelque chose d'important. Si Satan est le père du mensonge, c'est qu'il est le parent et le créateur de toute forme de séduction. Satan a un pouvoir de séduction inégalé.

19. Abaddon

« Elles avaient sur elles comme roi l'ange de l'ABÎME, nommé en hébreu ABADDON, et en grec Apollyon. »

Apocalypse 9 : 11

C'est l'ange de l'abîme. Dans le livre de Job, ce mot est traduit par destruction. *Si tu ne peux pas l'avoir, détruis-le !* C'est la nature même du diable. Certains chefs d'État qui ne peuvent plus venir au pouvoir se plaisent à détruire la nation toute entière par la guerre. Ils tiennent cela de leur maître, Abbadon.

20. Dominations, autorités, princes de ténèbres, esprits méchants

« Car nous n'avons pas à lutter contre la chair et le sang, mais contre les dominations, contre les autorités,

contre les princes de ce monde de ténèbres, contre les esprits méchants dans les lieux célestes. »

Éphésiens 6 : 12

Dans ce passage, Paul regroupe les quatre principaux agents d'action de Satan. Les dominations représentent des esprits qui dominent des zones géographiques. Il est manifeste que différents types d'esprits occupent différentes zones géographiques. Amsterdam, par exemple, est dominée par l'immoralité. Selon le dicton, les bons garçons vont au paradis, et les mauvais, à Amsterdam.

Les autorités sont des êtres qui exercent un contrôle sur des individus. On pourrait également les désigner par « esprits qui influencent ». Les esprits méchants dans les lieux célestes sont des entités méchantes présentes dans les lieux célestes. C'est un de ces esprits qui combattit l'ange qui était en train d'apporter une réponse à la prière de Daniel (Daniel 10 : 13).

Les princes des ténèbres sont des êtres spirituels qui règnent sur les ténèbres dans le monde. La pègre et les non croyants sont sous influence sans même le savoir.

Chapitre 6

Cinq manières pour les pasteurs de prier efficacement

« ... La prière FERVENTE du juste a une grande efficacité. »

Jacques 5 : 16

Ce ne sont pas toutes les prières qui sont efficaces. **Certaines prières sont ce que j'appelle des prières « perte de temps ».** Il est important de prier efficacement dans le ministère. Si vos prières n'ont aucun effet, autant aller faire quelque chose de moins spirituel ! Autant dire « brille, brille, petite étoile », si vos prières ne sont pas exaucées ! J'aimerais évoquer cinq étapes qui permettent de prier efficacement.

1. Faites les prières stratégiques contenues dans la Bible.

Laissez-vous guider par la Parole de Dieu. Faites les prières que l'on trouve dans la Parole de Dieu. Dans Éphésiens 1 : 17-19 par exemple, on trouve l'une des prières les plus puissantes que devrait faire un ministre. J'ai moi même fait cette prière pendant plusieurs années. Je vous suggère de faire de même.

Dans Éphésiens 3 : 15-19, on trouve également une importante prière. Cette « prière stratégique biblique » vous amènera à demander à Dieu de vous enraciner dans l'amour. Cela est très important pour tout pasteur. Les pasteurs font de grands sacrifices pour le ministère, mais s'ils n'ont pas d'amour, ils perdront leurs récompenses célestes. La volonté de Dieu est que vous jouissiez pleinement des fruits de votre ministère au Ciel.

« ...quand je livrerais même mon corps pour être brûlé, si je n'ai pas la charité, cela ne me sert de rien. »

1 Corinthiens 13 : 3

Dans un prochain chapitre, j'expliquerai plus en détail pourquoi vos prières doivent être guidées par la Parole de Dieu. Devenez une personne établie dans la Parole. Remettez-vous entre les mains de Dieu et de Sa Parole. Croyez plus en la Parole qu'en vous-même.

2. Priez avec ferveur.

Prier avec ferveur fait partie des conditions à remplir pour qu'une prière soit efficace. Prier avec ferveur signifie prier avec ardeur, passion et émotion. Prier avec ferveur signifie prier de façon *passionée, enthousiaste, zèlée, fanatique, exaltatée, intense, avide, brûlante, ardente et vive.* Si quelqu'un vous regarde prier, il doit pouvoir utiliser l'un de ces adjectifs pour qualifier votre prière. Si c'est à cela que ressemble votre prière, je vous assure que vous obtiendrez de grands résultats. De toute évidence, une prière faite dans le but de tuer le temps n'est pas une prière fervente !

3. Priez en langues.

Tout ministre doit passer plusieurs heures à prier en langues. Les langues sont un don de Dieu. L'apôtre Paul était très fier de ce don. Il s'en vantait, disant « Je rends grâces à Dieu de ce que je parle en langue plus que vous tous » (1 Corinthiens 14 : 18). Ce don nous permet de parler à Dieu de façon surnaturelle. Les dons de l'esprit ne sont pas censés être d'inutiles appendices décoratifs que l'on peut utiliser ou ne pas utiliser. **Utilisez ce que Dieu vous a donné, et vous serez béni dans le ministère.**

4. Discutez avec le Saint-Esprit.

La prière devrait être une affaire à deux sens. **Si vous voulez vous développer dans le ministère, vous devrez apprendre à parler au Saint Esprit.** Vous avez aussi besoin d'entendre Sa voix. Le Saint-Esprit est pour nous ce que Jésus était pour les disciples. C'est quelqu'un à qui l'on peut parler quand on en a besoin. Les ministres qui engagent des conversations avec le Saint-Esprit sont souvent très avancés dans leur marche avec Dieu.

« Je ne vous laisserai pas orphelins, je viendrai à vous. Mais le consolateur, l'Esprit-Saint, que le Père enverra en mon nom, vous enseignera toutes choses, et vous rappellera tout ce que je vous ai dit. »

Jean 14 : 18, 26

Passez à l'étape supérieure avec vos prières. Parlez au Saint-Esprit et entendez-le vous répondre. Il vous donnera des orientations surnaturelles telles que vous ne l'auriez jamais imaginé.

5. Priez longtemps

Une prière de deux minutes diffère d'une prière de plusieurs heures. Il n'existe aucun passage biblique qui dit que si vous ne priez pas pendant des heures, Dieu ne vous entendra pas. Toutefois, Jésus, ministre par excellence, priait pendant de longues heures. L'exemple de Jésus est suffisamment clair pour qu'on le suive.

« Vers le matin, pendant qu'il FAISAIT ENCORE TRES SOMBRE, il se leva, et sortit pour aller dans un lieu désert, où il pria. »

Marc 1 : 35

« En ce temps-là, Jésus se rendit sur la montagne pour prier, et il PASSA TOUTE LA NUIT À PRIER Dieu. »

Luc 6 : 12

Comme vous pouvez le constater, Jésus priait pendant plusieurs heures. Paul aussi priait pendant des heures. Notez ce qu'il écrivit dans une de ses lettres :

« NUIT ET JOUR, NOUS LE PRIONS AVEC UNE EXTRÊME ARDEUR de nous permettre de vous voir, et de compléter ce qui manque à votre foi. »

1 Thessaloniciens 3 : 10

Chapitre 7

Six raisons de faire les prières stratégiques contenues dans la Bible

Dans ce chapitre, j'aimerais parler de la manière dont vous pouvez rendre votre ministère de prière efficace. La formule est simple : faites ce que j'appelle les prières stratégiques contenues dans la Bible ! Qu'est-ce que j'entends par là ? Ce sont des plans de prières que l'on trouve dans la Parole de Dieu. On y trouve différents sujets de prière.

a. Le Notre Père

« Voici donc comment vous devez prier : notre Père qui es aux cieux ! que ton nom soit sanctifié ; que ton règne vienne ; que ta volonté soit faite sur la terre comme au ciel. Donne-nous aujourd'hui notre pain quotidien ; pardonne-nous nos offenses, comme nous aussi nous pardonnons à ceux qui nous ont offensés ; ne nous induis pas en tentation, mais délivre-nous du malin. Car c'est à toi qu'appartiennent, dans tous les siècles, le règne, la puissance et la gloire. Amen ! »

Matthieu 6 : 9-13

b. La première prière d' Éphésiens

« Je ne cesse de rendre grâces pour vous, faisant mention de vous dans mes prières, afin que le Dieu de notre Seigneur Jésus-Christ, le Père de gloire, vous donne un esprit de sagesse et de révélation, dans sa connaissance, et qu'il illumine les yeux de votre coeur, pour que vous sachiez quelle est l'espérance qui s'attache à son appel, quelle est la richesse de la gloire de son héritage qu'il réserve aux saints, et quelle est envers nous qui croyons l'infinie grandeur de sa puissance, se manifestant avec efficacité par la vertu de sa force. »

Éphésiens 1 : 16-19

c. La deuxième prière d'Éphésiens

« À cause de cela, je fléchis les genoux devant le Père, duquel tire son nom toute famille dans les cieux et sur la terre, afin qu'il vous donne, selon la richesse de sa gloire, d'être puissamment fortifiés par son Esprit dans l'homme intérieur, en sorte que Christ habite dans vos coeurs par la foi; afin qu'étant enracinés et fondés dans l'amour, vous puissiez comprendre avec tous les saints quelle est la largeur, la longueur, la profondeur et la hauteur, et connaître l'amour de Christ, qui surpasse toute connaissance, en sorte que vous soyez remplis jusqu'à toute la plénitude de Dieu. »

Éphésiens 3 : 14-19

d. La prière contenue dans la première épître à Timothée

« J'exhorte donc, avant toutes choses, à faire des prières, des supplications, des requêtes, des actions de grâces, pour tous les hommes, pour les rois et pour tous ceux qui sont élevés en dignité, afin que nous menions une vie paisible et tranquille, en toute piété et honnêteté. Cela est bon et agréable devant Dieu notre Sauveur. »

1 Timothée 2 : 1-3

Je ne dis pas que ce sont les seules choses pour lesquelles vous devez prier. Mais je crois que si cela devient votre principale prière, vous verrez un changement dans votre ministère. Pour en savoir plus sur ce sujet, lisez mon livre sur les prières stratégiques.

J'aimerais vous donner six raisons pour lesquelles vous devriez vous en tenir aux prières bibliques.

Six (6) raisons de faire des prières stratégiques bibliques

1. **Les êtres humains ont des esprits, des pensées et des coeurs corrompus.** Très souvent, nos désirs sont corrompus par notre statut d'être humain. Quel que soit le niveau de spiritualité d'un homme de Dieu, même quand il fait de son mieux, il reste un homme !

« Car il faut que ce corps corruptible revête l'incorruptibilité, et que ce corps mortel revête l'immortalité. »

1 Corinthiens 15 : 53

2. **Nous ne savons pas ce qu'il nous convient de demander dans nos prières.** Quel que soit notre degré de spiritualité, nous sommes incapables de voir les choses clairement.

« ...car NOUS NE SAVONS PAS ce qu'il nous convient de demander dans nos prières... »

Romains 8 : 26

« Aujourd'hui nous voyons au moyen d'un miroir, d'une MANIÈRE OBSCURE... »

1 Corinthiens 13 : 12

Ce verset nous enseigne que nous ne voyons pas les choses clairement. Quand vous avez une vision, cela signifie que vous êtes *attiré vers le monde spirituel.* Plus vous y entrez, plus la vision est claire. Dans certains cas, vous sortez en fait de votre corps. Comme l'a dit l'Apôtre Paul, il connaissait un homme qui fut enlevé au troisième ciel.

« Je connais un homme en Christ, qui fut,...RAVI jusqu'au troisième ciel...cet homme...FUT ENLEVÉ dans le paradis... »

2 Corinthiens 12 : 2,3,4

Cet homme ne savait même pas s'il était dans son corps ou hors de son corps. La plupart des gens ne sont pas attirés très loin, et leurs visions sont souvent une image floue dont ils ne sont pas certains. En réalité, beaucoup de ce que les gens qualifient de visions et de prophéties n'est rien d'autre que des impressions de choses qu'ils perçoivent vaguement.

Nous avons besoin que le Saint-Esprit nous guide, même en ce qui concerne la prière. Lorsque nous prions en langues, le Saint-Esprit contrôle nos prières. Mais le Saint-Esprit nous a déjà donné des orientations concernant la prière à travers les paroles de Jésus et les lettres de Paul. **Si nous suivons ces directives, cela équivaudra presque au fait de prier en langues parce que la Parole nous guide par rapport à ce pour quoi nous prions.**

3. **Faites les prières bibliques stratégiques contenues dans la Bible parce que nos voies ne sont pas Ses voies.**

   « Car mes pensées ne sont pas vos pensées, et vos voies ne sont pas mes voies, dit l'Éternel. »

   Ésaïe 55 : 8

Quel que soit notre niveau de spiritualité, nous restons des êtres humains vivant dans la chair. Dieu m'enseigne des choses que je croyais savoir. J'aurais pu ressusciter les morts des années plus tôt dans le cadre de mon ministère, mais Ses voies n'étaient pas les miennes. J'ai prié et jeûné pour que Dieu m'utilise pour ressusciter le père d'un bon ami. Mais Dieu semblait ne pas faire attention à moi. Je me suis senti honteux et abandonné. Je m'y étais rendu dans la foi, déclarant que le mort ressusciterait au nom de Jésus !

Malheureusement pour moi, mes voies ne sont pas Ses voies. Si ce mort avait ressuscité, cela aurait pu détruire toute ma vie et mon ministère. Dieu avait sa voie, et celle-ci consistait à me protéger et à m'introduire avec douceur dans le véritable ministère.

Quelque vingt ans plus tard, lorsqu'une dame se tint sur le podium lors d'une de mes croisades et fit un témoignage disant que son fils décédé avait ressuscité pendant que je prêchais, je ne ressentis pas la moindre émotion. J'avais le sentiment que si Dieu voulait ressusciter les morts, cela dépendait entièrement de Lui. Je savais que je n'étais qu'un observateur sur le podium de la croisade. Si cela s'était produit vingt ans plus tôt, je serais peut-être refroidi dans ma foi à cause de l'orgueil.

C'est la raison pour laquelle nous devons faire un plus grand nombre de prières stratégiques bibliques. Dieu sait des choses que nous ignorons. Faisons confiance à Sa sagesse.

4. Nous devons faire les prières stratégiques contenues dans la Bible pour ne pas manquer la cible.

La Bible enseigne que beaucoup de prières manquent la cible. Quand votre flèche manque la cible, cela signifie qu'elle n'est pas allée là où vous le souhaitiez ! Pourquoi prier si vos prières n'arrivent pas au Père ? Pourquoi prier si vos prières ne produisent pas l'effet escompté ? Il est temps de cesser de manquer la cible.

> **« Vous demandez, et vous ne recevez pas, parce que VOUS DEMANDEZ MAL... »**
>
> **Jacques 4 : 3**

Pourquoi tant de prières manquent-elles leur cible ? Une fois de plus, c'est parce que nous sommes humains. Nous ne pouvons voir clairement, raison pour laquelle nous passons à des kilomètres de la cible. Remettez-vous entre les mains des prières stratégiques bibliques.

5. Les prières stratégiques contenues dans la Bible couvrent tous les domaines pertinents et importants de la vie.

Quand on examine le Notre Père, on se rend compte que cette prière couvre tous les domaines importants. Cette prière stratégique nous permet de prier pour nos besoins quotidiens, le pardon et la protection pour l'oeuvre de Dieu.

Les prières de Paul contenues dans le livre d'Éphésiens sont un peu plus difficiles à comprendre. Les sujets eux-mêmes semblent mystérieux. C'est peut-être la raison pour laquelle elles sont d'autant plus importantes pour nous. Vous ne saurez peut-être jamais quelle conséquence aura le fait de demander un esprit de révélation et de sagesse (Éphésiens 1 : 17). Par exemple, la deuxième prière contenue dans le livre d'Éphésiens (Éphésiens 3 : 17) enseigne que nous devons être enracinés et fondés dans l'amour.

Il n'est pas naturel, pour la plupart d'entre nous, de prier pour être fondés dans l'amour chrétien. Mais si vous comprenez que toute bonne oeuvre qui est accomplie sans l'amour chrétien est nulle, vous comprendrez peut-être pourquoi le Saint-Esprit nous a donné cette prière. Notez ce verset qui figure dans 1 Corinthiens 13 : 3.

> **« Et quand je distribuerais tous mes biens pour la nourriture des pauvres, quand je livrerais même mon corps pour être brûlé, si je n'ai pas la charité, CELA NE ME SERT DE RIEN. »**
>
> **1 Corinthiens 13 : 3**

Il est bon de servir Dieu, même en payant le prix suprême pour le ministère. Toutefois, d'un coup de stylo, on nous averti que sans l'amour, toutes nos bonnes oeuvres sont nulles.

6. Les prières stratégiques contenues dans la Bible vous empêchent de délaisser des sujets de prière essentiels.

En faisant ces prières, vous couvrez des aspects très importants de votre vie. Peut-être n'avez-vous pas envie de prier pour votre gouvernement. Il y a des gouvernements qu'on a davantage envie de maudire, plutôt que de prier pour eux. Mais si vous suivez le modèle de prière biblique, vous prierez pour eux, au lieu de les maudire.

> **« J'exhorte donc, avant toutes choses, à faire des prières, des supplications, des requêtes, des actions de grâces, pour tous les hommes, pour les rois et pour tous ceux qui sont élevés en dignité, afin que nous menions une vie paisible et tranquille, en toute piété et honnêteté. »**
>
> **1 Timothée 2 : 1,2**

Évitez-vous de laisser de côté un sujet de prière vital en suivant ces prières stratégiques bibliques.

Chapitre 8

Sept exemples de prière fervente

1. **La prière ardente d'Élie lorsqu'il se pencha contre terre pour demander la pluie reste l'exemple de prière fervente le mieux connu.**

« Et Élie dit à Achab : monte, mange et bois ; car il se fait un bruit qui annonce la pluie. Achab monta pour manger et pour boire. Mais Élie monta au sommet du Carmel ; et, SE PENCHANT CONTRE TERRE, IL MIT SON VISAGE ENTRE SES GENOUX, et dit à son serviteur : monte, regarde du côté de la mer. Le serviteur monta, il regarda, et dit : Il n'y a rien. Élie dit sept fois : retourne. À la septième fois, il dit : voici un petit nuage qui s'élève de la mer, et qui est comme la paume de la main d'un homme. Élie dit : monte, et dis à Achab : Attelle et descends, afin que la pluie ne t'arrête pas. En peu d'instants, le ciel s'obscurcit par les nuages, le vent s'établit, et il y eut une forte pluie. Achab monta sur son char, et partit pour Jizreel. Et la main de l'Eternel fut sur Elie, qui se ceignit les reins et courut devant Achab jusqu'à l'entrée de Jizreel. »

1 Rois 18 : 41-46

C'est l'exemple classique de prière fervente, dont parla Jacques. Je vous vois prier avec ferveur pour que la pluie des bénédictions de Dieu tombe sur votre ministère ! Voyez l'exemple d'Élie, qui pria Dieu pour que la pluie tombe.

2. **La prière d'Anne, qui pria avec émotion et larmes pour que Dieu lui donne un enfant, produisit également des résultats fantastiques.**

« Anne se leva, après que l'on eut mangé et bu à Silo. Le sacrificateur Éli était assis sur un siège, près de l'un des poteaux du temple de l'ÉTERNEL. Et, l'amertume dans l'âme, elle pria l'ÉTERNEL et versa des pleurs.

Elle fit un voeu, en disant : ÉTERNEL des armées ! SI TU DAIGNES REGARDER L'AFFLICTION DE TA SERVANTE, SI TU TE SOUVIENS DE MOI ET N'OUBLIES POINT TA SERVANTE, ET SI TU DONNES À TA SERVANTE UN ENFANT MÂLE, JE LE CONSACRERAI À L'ÉTERNEL POUR TOUS LES JOURS DE SA VIE, ET LE RASOIR NE PASSERA POINT SUR SA TÊTE. Comme elle restait longtemps en prière devant l'ÉTERNEL, Éli observa sa bouche.

Anne parlait dans son coeur, et ne faisait que remuer les lèvres, mais on n'entendait point sa voix. Éli pensa qu'elle était ivre, et il lui dit : jusques à quand seras-tu dans l'ivresse ? Fais passer ton vin. Anne répondit : non, mon seigneur, je suis une femme qui souffre en son coeur, et je n'ai bu ni vin ni boisson enivrante ; mais je répandais mon âme devant l'ÉTERNEL. Ne prends pas ta servante pour une femme pervertie, car c'est l'excès de ma douleur et de mon chagrin qui m'a fait parler jusqu'à présent.

Éli reprit la parole, et dit : va en paix, et que le Dieu d'Israël exauce la prière que tu lui as adressée ! Elle dit : que ta servante trouve grâce à tes yeux ! Et cette femme s'en alla. Elle mangea, et son visage ne fut plus le même. »

1 Samuel 1 : 9-20

Anne avait de graves problèmes. Elle avait désepérément besoin d'une percée. Elle ne se contenta pas de tuer le temps. Tuer le temps signifie traîner, tourner en rond, perdre du temps et faire des impressions variantes. Elle était très sérieuse par rapport à ce qu'elle attendait de Dieu. Cher pasteur, la prière fervente vous permettra d'enfanter de nouvelles dimensions dans le ministère.

3. La prière de Jacob, qui combattit toute la nuit, produisit des résultats extraordinaires.

« Jacob demeura seul. Alors UN HOMME LUTTA avec lui jusqu'au lever de l'aurore. »

Genèse 32 : 24

Jacob fut béni, et sa postérité aussi. Plusieurs milliers d'années ont passé, mais le fruit de cette prière fervente est évident pour tous. Israël est considérée comme l'une des nations les plus favorisées de la terre.

4. La prière brûlante que fit Moïse pour vaincre Amalek est un autre exemple de prière fervente.

« Amalek vint combattre Israël à Rephidim. Alors Moïse dit à Josué : choisis-nous des hommes, sors, et combats Amalek ; demain je me tiendrai sur le sommet de la colline, la verge de Dieu dans ma main. Josué fit ce que lui avait dit Moïse, pour combattre Amalek. Et Moïse, Aaron et Hur montèrent au sommet de la colline. LORSQUE MOÏSE ÉLEVAIT SA MAIN, ISRAËL ÉTAIT LE PLUS FORT ; et lorsqu'il baissait sa main, Amalek était le plus fort. Les mains de Moïse étant fatiguées, ils prirent une pierre qu'ils placèrent sous lui, et il s'assit dessus. Aaron et Hur soutenaient ses mains, l'un d'un côté, l'autre de l'autre; et ses mains restèrent fermes jusqu'au coucher du soleil. »

Exode 17 : 8-12

Quand la vie de vos enfants est en jeu, vous ne pouvez pas vous permettre de croiser les bras sans rien faire. Les prières faites juste pour passer le temps n'ont jamais aidé personne !

5. La demande passionnée de David que le Saint-Esprit ne lui soit pas retiré est un autre exemple de prière fervente.

« O Dieu ! aie pitié de moi dans ta bonté ; selon ta grande miséricorde, efface mes transgressions ; lave-moi complètement de mon iniquité, et purifie-moi de mon péché. Car je reconnais mes transgressions, et mon péché est constamment devant moi. J'ai péché contre toi seul, et j'ai fait ce qui est mal à tes yeux, en sorte que tu seras juste dans ta sentence, sans reproche dans ton jugement. Voici, je suis né dans l'iniquité, et ma mère m'a conçu dans le péché. Mais tu veux que la vérité soit au fond du coeur : fais donc pénétrer la sagesse au dedans de moi !

purifie-moi avec l'hysope, et je serai pur ; lave-moi, et je serai plus blanc que la neige. Annonce-moi l'allégresse et la joie, et les os que tu as brisés se réjouiront. Détourne ton regard de mes péchés, Efface toutes mes iniquités. O Dieu ! Crée en moi un coeur pur, renouvelle en moi un esprit bien disposé. NE ME REJETTE PAS LOIN DE TA FACE, NE ME RETIRE PAS TON ESPRIT SAINT. »

Psaume 51 : 1-11

David savait ce qu'aurait signifié ne plus avoir l'Esprit Saint. Il ne pouvait se le permettre.

Dieu écoute les prières ferventes et passionnées. Il regarde avec dédain les chrétiens qui se contentent de faire passer le temps en attendant que la réunion de prière se termine.

6. L'Église de l'époque du Nouveau Testament pria avec ferveur que la puissance du Saint-Esprit descende sur les ses leaders.

« Après avoir été relâchés, ils allèrent vers les leurs, et racontèrent tout ce que les principaux sacrificateurs et les anciens leur avaient dit. Lorsqu'ils l'eurent entendu, ils élevèrent à Dieu la voix tous ensemble, et dirent : Seigneur, toi qui as fait le ciel, la terre, la mer, et tout ce qui s'y trouve, en étendant ta main, pour qu'il se fasse des guérisons, des miracles et des prodiges, par le nom de ton saint serviteur Jésus. Quand ils eurent prié, le lieu où ils étaient assemblés trembla ; ils furent tous remplis du Saint-Esprit, et ils annonçaient la parole de Dieu avec assurance. »

Actes 4 : 23, 24, 30,31

Dieu entendit leur prière et voyez les résultats. Quand une église se met à prier avec ferveur, cela produit toujours des résultats. Je regarde parfois des personnes qui disent être réunies pour prier. Certaines dorment, d'autres ne font que faire passer le temps. Comment vous sentiriez-vous si une personne s'endormait pendant qu'elle vous parle ? Vous penseriez que soit elle n'a aucun respect pour vous, soit vous ne l'intéressez vraiment pas.

7. Jésus pria passionnément que la volonté de Dieu soit faite dans sa vie.

« C'est lui qui, dans les jours de sa chair, ayant présenté avec de grands cris et avec larmes des prières et des supplications à celui qui pouvait le sauver de la mort, et ayant été exaucé à cause de sa piété... »

Hébreux 5 : 7

On voit qu'il priait passionnément parce qu'il commença à suer du sang. La prière fervente marche toujours. Le ministère de Jésus fut une grande réussite ! Vous aurez beaucoup de succès dans votre ministère si vous apprenez à prier avec

ferveur. Chaque fois que vous ne savez pas quoi faire, faites ce que fit Jésus. Jésus criait lorsqu'il priait ! Jésus pria au point de suer ! Lisez vous-même !

« Étant en agonie, il priait plus instamment, et sa sueur devint comme des grumeaux de sang, qui tombaient à terre. »

Luc 22 : 44

Chapitre 9

Les sept signes
d'une prière fervente

É tant donné que prier avec ferveur est si important quand on souhaite obtenir des résultats, comment savoir si l'on prie avec ferveur ? J'aimerais vous indiquer les sept signes d'une prière fervente. Comme d'habitude, les meilleurs exemples se trouvent dans la Bible.

1. La posture

Le ministère d'Élie comporte l'exemple de prière fervente le plus célèbre. Il est intéressant de noter la posture qu'il prenait quand il priait.

> **Mais Élie monta au sommet du Carmel ; et, SE PENCHANT contre terre, il mit SON VISAGE ENTRE SES GENOUX.**
>
> **1 Rois 18 : 42**

Commencez à vous observer et à observer ceux qui vous entourent pendant les réunions de prière. Quelle est leur posture ? Votre posture en dit long sur le genre de prière que vous êtes en train de faire.

2. Une voix haute

Quand Jésus était sur terre, Il priait avec de grands cris et des larmes. Prions nous à voix basse ou haute ? Jésus priait avec de grands cris et des larmes. Je préfère suivre son exemple !

> **« C'est lui qui, dans les jours de sa chair, ayant présenté avec DE GRANDS CRIS ET AVEC LARMES des prières et des supplications à celui qui pouvait le sauver de la mort, et ayant été exaucé à cause de sa piété... »**
>
> **Hébreux 5 : 7**

Chaque détail de la Bible a son importance. Ces choses ont été écrites pour nous servir d'exemple. Suivons l'exemple des héros de la foi.

3. Les pleurs

Plusieurs personnages bibliques pleuraient en priant. Notre Seigneur Jésus en est le meilleur exemple. Jésus offrit des prières avec des larmes. Il n'y a aucun mal à pleurer pendant que vous priez. Jésus pria avec ferveur et fut entendu par Son père.

Anne aussi est un exemple célèbre de combattant de la prière. Elle était la mère de Samuel. La Bible décrit le temps qu'elle passa dans la prière de façon très détaillée.

> « Et, l'amertume dans l'âme, elle **PRIA L'ÉTERNEL ET VERSA DES PLEURS.** »
>
> **1 Samuel 1 : 10**

4. L'épuisement

Quand vous priez, il se peut que vous perdiez de l'énergie. Jacob pria toute la nuit. Il devait être épuisé. Jésus aussi pria jusqu'à ce que tous ceux qui l'entouraient s'endorment.

> « **Et il vint vers les disciples (après avoir prié), qu'il trouva endormis...** »
>
> **Matthieu 26 : 40**

Moïse pria tellement qu'il fallut lui soutenir les mains.

> « **Les mains de Moïse étant fatiguées, ils prirent une pierre qu'ils placèrent sous lui, et il s'assit dessus. Aaron et Hur soutenaient ses mains...** »
>
> **Exode 17 : 12**

5. Un gémissement silencieux

> « **Comme elle restait longtemps en prière devant l'Éternel, Éli observa sa bouche. Anne PARLAIT DANS SON COEUR, ET NE FAISAIT QUE REMUER LES LÈVRES.** »
>
> **1 Samuel 1 : 12-13**

Ceci est sans aucun doute un exemple de prière fervente. Cette femme pria passionnément pour avoir un enfant. Elle ne criait pas, ne hurlait pas. La Bible dit qu'Éli ne pouvait pas entendre ce qu'elle disait. Il crut même qu'elle était ivre. C'est ce que j'entends par faible gémissement. Jésus est un autre exemple d'une personne qui gémissait en priant.

« Jésus, la voyant pleurer, elle et les Juifs qui étaient venus avec elle, FRÉMIT EN SON ESPRIT, et fut tout ému. »

Jean 11 : 33

6. La détermination intérieure

La détermination n'est pas quelque chose que l'on voit facilement. C'est une résolution calme de prier jusqu'à ce qu'il se produise quelque chose. Quiconque est déterminé à prier jusqu'à ce qu'il se passe quelque chose est un combattant de la prière fervent et passionné.

« Il dit : laisse-moi aller, car l'aurore se lève. Et Jacob répondit : JE NE TE LAISSERAI POINT ALLER, QUE TU NE M'AIES BÉNI. »

Genèse 32 : 26

Les gens qui se rendent à une réunion de prière sans être déterminé à recevoir quelque chose se contentent souvent de compter les minutes jusqu'à ce que la réunion se termine. Soyez déterminé à obtenir une réponse pour toutes vos requêtes de prière !

7. Un langage désespéré

Quand on étudie les prières de David dans les Psaumes, on constate qu'elles sont écrites dans le langage d'un homme désespéré. David était un homme qui recherchait l'aide de Dieu. Il cherchait frénétiquement à prendre la main de Dieu.

Souvenez vous de ceci : *Dieu écoute chacune de vos paroles.* Les paroles que vous prononcez sont importantes ! Voyez un exemple de prière faite par le Roi David :

« Éternel ! je cherche en toi mon refuge : QUE JAMAIS JE NE SOIS CONFONDU ! Délivre-moi dans ta justice ! Incline vers moi ton oreille, HATE-TOI DE ME SECOURIR ! Sois pour moi un rocher protecteur, UNE FORTERESSE, OU JE TROUVE MON SALUT ! Car tu es mon rocher, ma forteresse; Et à cause de ton nom tu me conduiras, tu me dirigeras. »

Psaume 31 : 1-3

Chapitre 10

Les neuf étapes qui permettent de prier longtemps

1. Acceptez le fait qu'une prière de moins d'une heure n'est pas une prière significative pour un ministre.

« ...Vous n'avez donc pu veiller UNE HEURE avec moi ! »

Matthieu 26 : 40

Pour autant que je me souvienne, j'ai toujours considéré les prières courtes comme insignifiantes. J'ai toujours eu le sentiment qu'à moins de passer beaucoup de temps dans la prière, je n'accomplirai pas grand-chose. Cela a été un bon guide psychologique pour moi. Cela me pousse à passer beaucoup d'heures de ma vie dans la prière.

Si vous êtes convaincu que prier pendant moins d'une heure n'est pas suffisant, une prière de cinq ou dix minutes ne vous satisfera jamais. Cela vous poussera progressivement à passer de longs moments dans la prière. Vous n'avez rien à perdre en priant pendant de longs moments !

2. Priez toujours avec une montre ou une pendule en vue.

Dès que vous commencez à prier, regardez l'heure qu'il est. Cela vous poussera à passer un temps raisonnable dans la prière. Si vous ne regardez pas votre montre, vous aurez l'impression d'avoir prié beaucoup plus longtemps que vous ne l'avez fait. Vous penserez : « Oh, je crois que j'ai prié pendant deux heures » alors qu'en réalité, vous n'avez prié que pendant dix minutes.

À moins d'avoir de l'expérience en matière de prière, vous porterez un jugement erroné par rapport au temps que vous avez passé dans la prière. Aujourd'hui, je suis capable de dire quand j'ai prié pendant une heure. Avant, je priais pendant dix minutes, croyant que cela faisait une heure que je priais. C'est la raison pour laquelle vous devez avoir une pendule en vue.

3. Priez en écoutant des prédications.

Je prie toujours en écoutant des prédications ou de la musique. Il y a un principe que j'aimerais que vous compreniez. **La vitesse de la prédication/musique est cent fois supérieure à celle du silence.** Cela signifie que le temps passe cent fois plus vite quand une prédication ou de la musique est diffusée en fond sonore.

Avez-vous déjà été à un endroit où l'on demandait aux gens d'observer une minute de silence ? Avez-vous noté combien de temps de silence était observé ? Savez-vous que les gens n'observent en réalité jamais *une minute* de silence ? Cela s'explique par le principe que je viens de partager avec vous : *La vitesse d'une prédication/de la musique est cent fois supérieure à celle du silence.* Quand vous priez alors qu'une prédication ou de la musique sont diffusées en fond sonore, le temps passe plus vite ! Sans vous en rendre compte, vous aurez passé plusieurs heures dans la prière !

Le son de la prédication de la Parole de Dieu crée une atmosphère très propice aux choses spirituelles. Cher ami, nous sommes constamment bombardés par l'environnement séculier dans lequel nous travaillons, nos amis incroyants et la télévision. Ce genre d'atmosphère est en réalité néfaste pour la prière. L'atmosphère qui règne dans nos maisons est souvent défavorable à la prière. Vous avez besoin de quelque chose qui vous permettra de rester dans une atmosphère de prière pendant une heure au moins. Parfois, le message que contient la cassette vous incitera à continuer dans l'Esprit ! Essayez cela, et vous ne serez plus jamais le/la même.

4. Priez avec de la musique en fond sonore.

« ...Maintenant, amenez-moi un joueur de harpe. Et comme le joueur de harpe jouait, LA MAIN DE L'ÉTERNEL fut sur Élisée. »

2 Rois 3 : 15

La musique pieuse crée un bel environnement d'adoration. La Bible appelle cela la main de l'Éternel. J'écoute toujours de la musique ou des prédications quand je prie. Cher ami, l'atmosphère de ce monde est remplie d'entités démoniaques. Le prince de la puissance de l'air et ses acolytes polluent l'air que nous respirons. Il est difficile de prier dans un tel environnement. C'est la raison pour laquelle beaucoup de chrétiens ne prient pas pendant de longues heures. Ils opèrent dans une atmosphère difficile.

Mais j'ai une bonne nouvelle : vous pouvez avoir votre propre culte où que vous soyez ! L'Esprit de l'Éternel peut venir sur vous dans votre voiture. Cela m'est arrivé à plusieurs reprises. Je considère ma voiture comme un lieu de prière. Investissez tout ce qu'il faut pour créer l'atmosphère de prière qui convient.

L'Esprit de l'Éternel viendra sur vous si vous demeurez au milieu de chantres oints.

5. Priez en regardant une prédication.

Parfois, le son d'une prédication ou de la musique n'est pas suffisant pour vous mettre dans une humeur de prière. Parfois, on a besoin d'avoir aussi la dimension vidéo. Parfois, regarder et entendre sont nécessaires pour créer la bonne atmosphère et avoir un temps de prière réussi. Je prie souvent avec une vidéo de prédication. Je reçois de grandes bénédictions quand j'opère dans l'environnement adéquat.

6. Faites 90% de vos prières en langues.

Les langues sont un don de Dieu. Ce don vous aide à prier alors que votre intelligence est inactive.

« Car si je prie en langue, mon esprit est en prière, mais mon intelligence demeure stérile. »

1 Corinthiens 14 : 14

Quand vous priez en langues pendant des heures, votre homme intérieur s'édifie et se fortifie.

7. Lisez la Bible et d'autres livres chrétiens pendant que vous priez.

Étant donné que je prie en langues pendant de longs moments, mon intelligence est libre pour la lecture. Je lis constamment quand je passe des heures dans la prière. Mon esprit prie le Seigneur pendant que mon intelligence se concentre sur la Bible que je suis en train de lire. Cela me permet de prier encore plus longtemps.

8. Débranchez votre téléphone.

Le téléphone est l'outil favori qu'utilise le diable pour interrompre vos prières. Quand vous avez le sentiment que vous allez peut-être recevoir un coup de fil important, vous ne pouvez pas éteindre votre téléphone. La plupart d'entre nous sonts incapables d'éteindre nos téléphones.

Des interruptions inutiles ramènent notre précieuse heure de prière à une demie heure fragmentée en sessions de cinq minutes. Je ne sais pas s'il vous arrive la même chose. Mais aussitôt que j'entre dans une communion profonde avec le Seigneur, le téléphone sonne ! Il est parfois très pénible de recevoir un coup de fil inutile au mauvais moment.

J'ai décidé que si je prends la prière au sérieux, je dois débrancher le téléphone. Le monde peut attendre. Tout peut attendre jusqu'à ce que je finisse de parler à mon Seigneur. Quand je ne débranche pas mon téléphone, cela signifie une seule chose, à savoir que je ne prends pas mon temps de prière au sérieux !

9. Mettez une note « NE PAS DÉRANGER ».

Étant donné que vous ne vivez pas sur une île, vous aurez besoin de la coopération de ceux qui vivent avec vous. Si vous voulez avoir une vie de prière efficace, il faut que les gens sachent quand vous êtes en prière. Tout comme personne ne vous dérangerait si vous étiez aux toilettes, personne ne doit vous déranger quand vous êtes en train de prier ! N'ayez pas honte de dire à vos amis et à ceux qui vivent avec vous que vous êtes en train de prier et que l'on ne doit pas vous déranger.

À l'époque où j'allais à l'école, je fus particulièrement impressionné par la capacité d'un ami à afficher des notes " Ne pas déranger ". Je me souviens encore de la note qu'il afficha sur la porte de sa chambre pour ne pas être dérangé par les autres étudiants. Cette note disait à peu près ceci :

Avis

Si vous frappez à cette porte
et que vous ne recevez aucune réponse
ne continuez pas à frapper et ne m'appellez pas.
Si vous faites quoi que ce soit
qui aille à l'encontre de cette simple instruction,
sachez que
cette porte ne vous sera pas ouverte,
qui que vous soyez !!!

De tels avis sont très bons ! Un jour j'ai dû avertir les personnes qui travaillent chez moi. Je leur ai dit que si elles venaient m'appeler alors que j'étais en prière, elles seraient renvoyées sur-le-champ. Cela m'a permis d'avoir de la liberté en ce qui concerne la prière dans ma propre maison.

Chapitre 11

Les deux étapes qui permettent de comprendre l'intercession

L e mot « intercéder » vient du latin « *intercedere* » , qui signifie *intervenir, interférer, ou jouer un rôle de médiateur.*

> « Il voit qu'il n'y a pas un homme, il s'étonne de ce que personne n'intercède ; alors son bras lui vient en aide, et sa justice lui sert d'appui. »
>
> **Ésaïe 59 : 16**

Dieu appelle chaque ministre à *interférer* avec le projet de Satan de détruire l'église. Nous devons nous lever et *intervenir* contre les hordes de démons qui détruisent les jeunes chrétiens. Nous devons *interférer* avec tout projet démoniaque de détruire le royaume de Dieu.

1. Intercéder signifie se mettre en travers de manière à changer le cours des événements.

Satan projette d'amener des nations entières en enfer. Par la puissance de l'intercession, nous changerons le cours de l'histoire. Des personnes qui auraient dû aller en enfer seront sauvées. Des hommes d'intercession puissants changent constamment le cours des événements.

2. Intercéder signifie se placer entre deux choses.

Dieu appelle tous les ministres à se plancer entre le diable et le peuple de Dieu. C'est en cela que consiste le travail du berger. Il se place entre les loups et les brebis. Les loups et les chacals ne peuvent atteindre les brebis à cause de la présence du berger.

> « Je cherche parmi eux un homme qui élève un mur, qui se tienne à la brèche devant moi en faveur du pays, afin que je ne le détruise pas ; mais je n'en trouve point. »
>
> **Ézéchiel 22 : 30**

Intercéder signifie se tenir sur la brèche. Cela signifie devenir un obstacle pour Satan et ses agents. Cher homme de Dieu, vous faites du bon travail. Cher missionnaire, votre présence dans ce pays constitue un véritable rocher de protection pour beaucoup d'âmes. Ne renoncez pas ! Allez de l'avant ! Priez pour les personnes que Dieu vous a données ! *Vous êtes le dernier obstacle qui subsiste entre ces précieuses âmes et l'ennemi.*

Chapitre 12

Les vingt raisons pour lesquelles tous les pasteurs ont besoin d'un intercesseur

S i vous arrivez à comprendre à quoi sert l'intercession, vous ne cesserez jamais de prier pour les ministres. Notre existence sur cette terre est sans cesse menacée. Même si nous ne nous en rendons pas compte, beaucoup de dangers nous guettent. L'intercession dresse un mur entre vous et ces dangers. Nous sommes parfois si vulnérables, et nous ne le savons même pas !

Souvenez-vous *qu'intercéder signifie se placer en travers,* de manière à *changer le cours des événements.* L'intercesseur *se place entre deux choses.*

En énumérant les dangers auxquels il avait échappé en tant que ministre, Paul énumérait en fait les choses contre lesquelles il avait intercédé.

« Sont-ils ministres de Christ ? Je parle en homme qui extravague. Je le suis plus encore : par les TRAVAUX, bien plus ; par LES COUPS, bien plus ; par les EMPRISONNEMENTS, bien plus. Souvent en danger de MORT, cinq fois j'ai reçu des Juifs QUARANTE COUPS moins un, trois fois j'ai été BATTU de verges, une fois j'ai été LAPIDÉ, trois fois j'ai FAIT NAUFRAGE, j'ai passé un jour et une nuit dans l'ABÎME. Fréquemment en VOYAGE, j'ai été en péril sur les FLEUVES, en péril de la part des BRIGANDS, en péril de la part de ceux de MA NATION, en péril de la part des PAÏENS, en péril dans les VILLES, en péril dans les DÉSERTS, en péril sur LA MER, en péril parmi les FAUX FRÈRES. J'ai été dans le travail et dans la PEINE, exposé à de nombreuses veilles, à la FAIM et à la SOIF, à des jeûnes multipliés, au FROID et à la NUDITÉ. Et, sans parler d'autres choses, je suis assiégé chaque jour par les soucis que me donnent toutes les Églises. Qui est faible, que je ne sois faible ? Qui vient à tomber, que je ne brûle ? »

2 Corinthiens 11 : 23-29

Les vingt dangers auxquels fut exposé l'apôtre Paul constituent en fait les vingt raisons pour lesquelles tous les ministres ont besoin de prières.

Vingt dangers auxquels un apôtre est exposé

1. Les travaux (de longues heures de travail)

2. Les coups (des afflictions physiques insupportables)

3. Les emprisonnments (harcèlements politiques et gouverne-mentaux)

4. Les dangers de mort (expériences de mort imminente)

5. Quarante coups moins un (intimidation personnalisée et particulière)

6. Battu de verges (des gens vous lancent des ordures)

7. Une fois lapidé (attaques par des foules, murs détruits, haine politique)

8. Trois fois naufragé (accidents de voiture, de train et d'avion)

9. Dans l'abîme (risques de noyade)

10. Fréquemment en voyage (risques liés aux voyages et accidents)

11. En péril sur les fleuves (risques liés au fait de manger et boire des choses auxquelles on n'est pas habitué)

12. En péril de la part des brigands (vol de biens appartenant à l'église, des offrandes, des téléphones portables)

13. En péril dans les villes (prostitution, immoralité, agressions, vols à main armée)

14. En péril dans les déserts (risques liés au fait d'être un étranger)

15. En péril sur la mer (dangers supplémentaires pour le ministre qui voyage)

16. En péril parmi les faux frères (espions présents à l'église, présence d'agents de services secrets partout, personnes déloyales)

17. Exposé à la faim (ne pas avoir d'argent pour s'acheter à manger)

18. Exposé à la soif (ne pas avoir d'argent pour s'acheter à boire)

19. Exposé au froid (risques liés au fait de ne pas se chauffer convenablement, risques d'infections)

20. Exposé à la nudité (ne pas avoir de vêtements appropriés, de manteaux d'hiver, etc.)

Chapitre 13

Comment intercéder contre la loi de la dégénérescence ?

La nécessité pour un être humain d'avoir un intercesseur n'est pas toujours apparente. Tout au long de la Bible, on trouve des hommes qui se sont tenus sur la brèche pour d'autres hommes. On pense souvent que l'intercession sert uniquement à empêcher *le diable* d'attaquer les chrétiens. Mais l'intercession fait plus que cela. Elle s'attaque à certaines lois en vigueur sur terre aujourd'hui. Quand on comprend ces choses, on a toujours envie de prier pour les membres de son église.

Souvenez-vous qu'intercéder signifie *intervenir, interférer, ou jouer un rôle de médiateur.* Intercéder signifie se placer en travers, *de manière à changer le cours des évènements.* Celui qui intercède *se place entre deux choses.*

L'intercession s'attaque à la loi de la dégradation dans l'église

« Je t'avais plantée comme une vigne excellente et du meilleur plant ; comment AS-TU CHANGÉ, DÉGÉNÉRÉ en une vigne étrangère ? »

Jérémie 2 : 21

Que cela nous plaise ou non, il existe une loi de la dégénérescence sur terre. Tout ce que l'on crée se met à dégénérer le lendemain de sa création. Tout immeuble se dégrade au fil des années. Nos corps se dégradent progressivement au fil des années. Regardez seulement une photo de vous il y a dix ans, et vous comprendrez de quoi je parle. La richesse ne reste pas toujours au même endroit. Vous pouvez être riche aujourd'hui, mais il se peut que votre richesse perde de sa valeur et ne représente plus rien dans dix ans. Certaines villes étaient très riches il y a des années. Aujourd'hui, ce sont d'immenses taudis.

Dégénérer signifie perdre progressivement de la valeur. C'est une chute progressive vers une forme de développement moindre.

Les choses ne sont pas différentes au sein de l'église. Nous subissons tous cette loi de la dégénérescence. C'est la raison pour laquelle on conseille aux bergers d'examiner l'état de leurs troupeaux. Si pendant trois ans vous n'investissez rien dans une communauté chrétienne dynamique, elle se dégradera. Et vous n'y pourrez rien ! Vous devez y investir spirituellement.

« Connais bien chacune de tes brebis, donne tes soins à tes troupeaux ; Car LA RICHESSE NE DURE PAS TOUJOURS, ni une couronne éternellement. »

Proverbes 27 : 23-24

La dégénérescence d'une église peut être définie comme le fait de « *tomber en dessous d'un état ou d'un caractère précédent ou normal* ». Dégénérer signifie également *se détériorer par rapport à un état précédent*. Cette loi de la dégénérescence est à l'oeuvre dans votre église et dans la vie de vos membres. Nous en sommes tous victimes. C'est la raison pour laquelle vous devez intercéder pour vos gens. La loi de la dégénérescence rend les personnes zélées moins zélées. La loi de la dégénérescence agit sur les gentils chrétiens qui prient beaucoup. Elle leur fait perdre leur intérêt pour la prière. La loi de la dégénérescence agit contre les chrétiens saints. Elle en fait des chrétiens refroidis et immoraux. Cher pasteur, vous ne pouvez plus rester endormi. La loi de la dégénérescence est à l'oeuvre dans votre église. Levez-vous et intercédez !

Avez-vous remarqué qu'au début de leur vie chrétienne les gens sont souvent très zélés pour l'évangélisation et la prédication de la Parole ? Mais peu de temps après, c'est à peine s'ils viennent à l'église. Que s'est-il passé ? C'est la loi de la dégénérescence !

C'est la raison pour laquelle il est si important de maintenir l'intercession et la prière au sein de l'église !

Chapitre 14

Comment intercéder contre
la loi du monde ?

L'intercession s'attaque à la loi du monde

« N'aimez point LE MONDE, ni les choses qui sont dans le monde. Si quelqu'un aime le monde, l'amour du Père n'est point en lui ; car tout ce qui est dans LE MONDE, la convoitise de la chair, la convoitise des yeux, et l'orgueil de la vie, ne vient point du Père, mais vient du monde. Et LE MONDE passe, et sa convoitise aussi ; mais celui qui fait la volonté de Dieu demeure éternellement. »

1 Jean 2 : 15-17

L e monde a une influence envahissante sur l'église. Une bonne partie de l'église est devenue mondaine et séculière. Cela s'explique par le fait que l'église est un « prunier attrayant pour le monde ».

L'intercession empêche l'église de devenir mondaine. Des choses du monde telles que la convoitise de la chair et la convoitise des yeux s'attachent à des ministres à leur insu.

L'Homme a besoin d'un intercesseur ! Démas avait besoin d'un intercesseur. Il tomba amoureux du monde et se refroidit. Quand nous intercédons pour les membres de nos églises, un nombre moins élevé d'entre eux se refroidit. L'intercession s'attaque à la loi du monde.

« ...car Démas m'a abandonné, par amour pour le siècle présent... »

2 Timothée 4 : 10

Chapitre 15

Comment intercéder contre la loi de la chair ?

L'intercession s'attaque à la loi de la chair

L'homme a besoin d'un intercesseur ! La loi de la chair agit contre tout ce qui est spirituel. Paul craignait sa propre chair. Il déclara qu'il savait qu'il n'y avait rien de bon dans sa chair.

> **« Ce qui est bon, je le sais, n'habite pas en moi, c'est-à-dire dans ma chair : j'ai la volonté, mais non le pouvoir de faire le bien. »**
>
> **Romains 7 : 18**

À un moment, Paul dit qu'il ne faisait plus confiance à sa chair.

> **« Car les circoncis, c'est nous, qui rendons à Dieu notre culte par l'Esprit de Dieu, qui nous glorifions en Jésus-Christ, et qui ne mettons point notre confiance en la chair. »**
>
> **Philippiens 3 : 3**

Cher ami, si Paul ne faisait plus confiance à sa chair, que devrions-nous faire ? La chair est prête à vous conduire en enfer. La chair agit contre la croissance de l'église. La chair agit contre la vie même de l'église. Votre chair combat vos progrès spirituels.

La chair pousse les membres de l'église à désirer et faire ce qu'il ne faut pas. C'est la chair qui rend les membres de l'église paresseux. C'est la chair qui empêche la plupart des gens de se rendre à l'église chaque dimanche. Quand un pasteur pense à ses enfants dans le Seigneur, des prières d'intervention doivent bouillir dans son coeur. *Père, aide tes enfants ! Ne les laisse pas s'égarer.*

« Mais je traite durement mon corps et je le tiens assujetti, de peur d'être moi-même rejeté, après avoir prêché aux autres. »

1 Corinthiens 9 : 27

Nous devons aussi intercéder contre les maladies et les affections. La prière d'intercession empêche les affections de s'attacher aux gens. Souvenez-vous qu'il est plus facile de prévenir une maladie que de la guérir. La prière d'intercession empêchera les pasteurs de procéder à des enterrements inutiles.

Chapitre 16

Comment intercéder contre la loi des éléments ?

L'intercession s'attaque à la loi des éléments

Qu'est-ce que les éléments ? Les éléments sont la terre, le vent, le feu et l'eau. Que vous le sachiez ou non, ces éléments peuvent se tourner contre vous. Nous avons besoin d'intercession pour les garder sous contrôle. Quand les éléments se tournent contre vous, il peut en être fini de votre ministère. C'est ce qui se produit lorsqu'il y a des tremblements de terre, des incendies, des inondations et des orages.

Au cours du ministère de Jésus sur terre, Il dut affronter les éléments. Ceux ci essayaient de mettre un terme à Sa vie et à Son ministère.

> **« Il monta dans la barque, et ses disciples le suivirent. Et voici, il s'éleva sur la mer une si grande tempête que la barque était couverte par les flots. Et lui, il dormait. Les disciples s'étant approchés le réveillèrent, et dirent: Seigneur, sauve-nous, nous périssons ! Il leur dit : pourquoi avez-vous peur, gens de peu de foi ? Alors il se leva, menaça les vents et la mer, et il y eut un grand calme. Ces hommes furent saisis d'étonnement : quel est celui-ci, disaient-ils, à qui obéissent même les vents et la mer ? »**
>
> **Matthieu 8 : 23-27**

Les disciples furent surpris de la manière dont les éléments réagissaient aux ordres donnés à travers la prière. Quand vous intercédez pour vos gens, cela les protège des éléments antagonistes sur terre. Les éléments provoquent parfois des accidents d'avion, des carambolages, ainsi que d'autres catastrophes. Je vous vois vous lever avec un esprit d'intercession pour votre peuple ! Votre ministère en sera transformé.

Chapitre 17

Comment intercéder contre la loi de l'humanité?

L'intercession s'attaque à la loi de l'humanité

La loi de l'humanité concerne la nature humaine. Ici, nous avons affaire à deux principaux domaines :

a. La réalité de la nature humaine

b. La réalité de l'erreur humaine.

La nature ingrate, oublieuse et méchante de l'homme est bien connue. On n'a pas besoin de chercher trop loin pour assister à une véritable guerre. Tout le monde peut voir la méchanceté de la nature humaine. Les génocides et les assassinats brutaux sont évidents.

Jésus savait que les êtres humains pouvaient se retourner contre lui.

> **« Mais Jésus ne se fiait point à eux, parce qu'il les connaissait tous, et parce qu'il n'avait pas besoin qu'on lui rendît témoignage d'aucun homme ; car il savait lui-même ce qui était dans l'homme. »**
>
> **Jean 2 : 24-25**

Au moment où la vague de la nature humaine se retourna contre Christ, ses miracles n'avaient plus beaucoup d'importance. Ils l'assassinèrent en l'espace de quarante-huit heures. Ne sous-estimez pas le mal qu'il y a en l'homme.

Nos prières d'intercession agissent contre les vagues humaines de l'ingratitude et de l'oubli dans le ministère. Cher pasteur, quand vous priez pour votre congrégation, cela les aide à ne pas oublier l'amour que vous leur avez témoigné.

L'erreur humaine est souvent à l'origine de catastrophes humaines telles que le naufrage du Titanic ou l'accident ferroviaire de Paddington à Londres, ou le crash du Concorde. Les prières d'intercession empêcheront l'erreur humaine de vous éliminer.

En tant que médecin, j'ai vu d'autres médecins commettre des erreurs. J'ai vu des gens mourir suite à une erreur humaine. Une fois, j'ai vu un expert en gynécologie faire une importante opération (laparotomie) sur une jeune fille de onze ans. Il pensait qu'elle avait une tumeur au bas-ventre. Quand ils l'ouvrirent, ils constatèrent qu'elle avait simplement des excréments compacts dans le côlon. Cette pauvre fille avait subi une importante opération parce que le médecin ne l'avait pas examinée comme il fallait. Tout ce dont cette pauvre petite fille avait besoin, c'était de médicaments qui lui permettraient d'aller aux toilettes !

Il est arrivé que des patients décèdent parce que les chirurgiens avaient oublié d'enlever du coton ou des ciseaux de leur abdomen avant de les recoudre. Même dans la pratique de la médecine, on a besoin d'intercession pour nous protéger de l'erreur humaine. C'est la raison pour laquelle nous prions pour les gens chaque fois qu'ils reçoivent des soins médicaux de quelque nature que ce soit.

J'ai regardé un documentaire intitulé « Flights from Hell » (Vols en provenance de l'enfer). Dans ce documentaire, un pilote découvre qu'une de ses roues n'est pas sortie du train d'atterrissage. Cela, parce que quelqu'un (erreur humaine) a oublié d'enlever la cale du train d'atterrissage. Je vis l'avion faire l'objet de manoeuvres incroyables pour pouvoir faire sortir la roue. Finalement, l'avion dut atterir sur une roue. Tous les passagers l'avaient échappé belle.

Parmi les autres avions en provenance de l'enfer, il y avait un vol en provenance de Bogota (Colombie) et à destination de la ville de New York. Quand le pilote arriva à New York, on lui demanda de se mettre en position d'attente et d'attendre son tour d'atterrissage. Il resta en l'air pendant plus d'une heure.

Le drame dans cette histoire est que le pilote n'informa pas la tour de contrôle qu'il allait manquer de carburant et qu'il devait atterrir d'urgence.

Vous vous rendez compte que le pilote tourna en rond avec cet avion jusqu'à ce qu'il n'ait plus la moindre goutte de carburant et s'écrasa ensuite juste à l'extérieur de l'aéroport ? Il fut établi plus tard que le pilote n'avait pas informé la tour de contrôle de l'urgence de sa situation (erreur humaine). Je vous assure, les passagers qui étaient à bord de cet avion avaient terriblement besoin d'intercession. Ils étaient entre les mains d'un homme très dangereux.

La prière d'intercession protégera vos fidèeles des *erreurs* et de la *nature* humaines.

Chapitre 18

Comment intercéder contre la loi de la nature ?

L'intercession s'attaque à la loi de la nature

Quand la nature agit contre vous, vous vous mettez à transpirer ! La nature évoque les cycles et les saisons de la terre. Il s'agit des choses naturelles que Dieu a créées. Quand les cycles de la nature revêtent un caractère inhabituel, cela provoque toutes sortes de problèmes. Par exemple, il y a des sécheresses, des famines, des inondations et des tornades. Les choses naturelles se déforment. Quand une vague naturelle de l'océan grandit, elle se transforme en raz-de-marée.

Quand vous tombez dans la mer et que le courant vous emporte, vous êtes entre les mains de la nature. **Les animaux sauvages, les insectes, les virus, les bactéries et les parasites sont tous une manifestation de la nature qui se tourne contre l'homme.**

Un jour j'ai participé à un safari en Afrique du Sud. Il y avait toutes sortes d'animaux dans le parc.

J'ai demandé à notre guide si on pouvait sortir et marcher sans aucun risque.

Il me répondit « À votre place, je ne le ferais pas ! »

Voyez-vous, si j'avais été seul dans ce parc de safari, j'aurais été à la merci de la nature. Je me serais soumis à des éléments dangereux de la nature.

Le psalmiste dit combien il est bon que la nature agisse en notre faveur. Il prédit que les saisons et les cycles seront normaux pour quiconque marche selon la Parole de l'Éternel. Quand une femme ne peut pas avoir d'enfant, c'est qu'un processus très naturel a été interrompu.

« Heureux l'homme qui ne marche pas selon le conseil des méchants, qui ne s'arrête pas sur la voie des pécheurs, et qui ne s'assied pas en compagnie des moqueurs, mais qui trouve son plaisir dans la loi de l'ÉTERNEL, et qui la médite jour et nuit ! Il est comme un arbre planté près d'un courant d'eau, qui donne son fruit en sa saison, et dont le feuillage ne se flétrit point : tout ce qu'il fait lui réussit. »

Psaume 1 : 1-3

Les infections bactériennes et virales sont une autre déformation de la nature. Les bactéries sont pour ainsi dire comme des animaux sauvages microscopiques qui peuvent vous tuer. Quand vous les croisez, c'est que la nature s'est mise en marche contre vous.

L'intercession empêche les forces de la nature de vous consumer. La prière d'intercession peut même stopper ce que les gens pourraient qualifier de « mort naturelle ». La prière d'intercession conduit les gens dans la Parole, afin qu'ils reçoivent les bénédictions mentionnées dans le Psaume 1.

Quand une personne est impie, elle tombe aux mains de la nature, et la nature la descend. Lisez vous-même !

« Il n'en est pas ainsi des méchants : ils sont comme la paille que LE VENT DISSIPE. »

Psaume 1 : 4

Chapitre 19

Comment intercéder contre la loi du diable ?

L'intercession s'attaque à la loi du diable

La loi du diable enseigne que le diable existe. Ce diable et ses agents oeuvrent activement contre nos vies. J'ai vu le diable à deux reprises ! À chacune d'elles, il essayait de me détruire. Mes yeux furent soudain ouverts, et je pus voir mon ennemi clairement. C'est ce qui arriva à Paul en Macédoine.

Il fut harcelé par un démon pendant plusieurs jours. L'Éternel lui permit soudain de manifester le don du discernement des esprits. Cela lui permit de savoir exactement à quoi il avait affaire. Il chassa le diable et le harcèlement prit fin.

« Comme nous allions au lieu de prière, une servante qui avait un esprit de Python, et qui, en devinant, procurait un grand profit à ses maîtres, vint au-devant de nous, et se mit à nous suivre, Paul et nous. Elle criait : Ces hommes sont les serviteurs du Dieu Très-Haut, et ils vous annoncent la voie du salut. Elle fit cela pendant plusieurs jours. Paul fatigué se retourna, et dit à l'esprit : je t'ordonne, au nom de Jésus-Christ, de sortir d'elle. Et il sortit à l'heure même. »

Actes 16 : 16-18

J'ai vu le diable

À deux occasions où j'eus une manifestation du discernement des esprits, le diable se tenait à ma droite. À l'une de ces occasions, le diable m'apparut comme un petit singe assis sur ma table de chevet. J'étais si surpris de voir le diable de si près ! Je pus soudain affronter cette chose qui essayait de m'éliminer. Si je n'avais pas affronté ce démon, je ne serais peut-être pas en vie aujourd'hui.

J'ai vu le diable une autre fois

À une autre occasion, mes yeux furent ouverts au royaume spirituel et je vis un personnage « cendreux » et noirâtre de huit pieds suspendu à droite de mon lit. Surpris, je bondis de mon lit et je me mis à prier. Le Seigneur venait soudain de me montrer la source d'une attaque sévère et prolongée que j'expérimentais dans mon ministère. Je sortis du lit, et la suite, c'est de l'histoire ancienne.

À ces deux occasions, le diable faillit m'éliminer. C'est ce qui arrive aux pasteurs. C'est pourquoi ils ont besoin que des intercesseurs prient pour eux.

C'est ce qui arrive aux membres de votre église. L'ennemi en a après leurs âmes. Intercédez pour eux ! Intervenez dans la situation ! Mettez-vous en travers du chemin et tenez-vous entre le diable et les brebis que Dieu vous a données ! Transformez votre ministère par la prière d'intercession.

Chapitre 20

Comment intercéder contre la loi du temps?

L'intercession s'attaque à la loi du « temps »

« Il y a un temps pour tout, un temps pour toute chose sous les cieux : un temps pour naître, et un temps pour mourir ; un temps pour planter, et un temps pour arracher ce qui a été planté ; un temps pour tuer, et un temps pour guérir ; un temps pour abattre, et un temps pour bâtir ; un temps pour pleurer, et un temps pour rire ; un temps pour se lamenter, et un temps pour danser ; un temps pour lancer des pierres, et un temps pour ramasser des pierres ; un temps pour embrasser, et un temps pour s'éloigner des embrassements ; un temps pour chercher, et un temps pour perdre ; un temps pour garder, et un temps pour jeter ; un temps pour déchirer, et un temps pour coudre; un temps pour se taire, et un temps pour parler ; un temps pour aimer, et un temps pour haïr ; un temps pour la guerre, et un temps pour la paix. »

Écclésiaste 3 : 1-8

La loi du temps nous enseigne qu'il y a un temps pour tout. Dans votre vie, il y aura un temps pour semer et un temps pour moissonner. Il y aura un temps pour se réjouir et un temps pour pleurer. Il y aura un temps où vous aurez le moral haut, et un temps où vous aurez le moral bas !

Pourrez-vous survivre aux événements qui surviennent à chaque saison de votre vie ? Quand le temps de la prospérité viendra, allez-vous vous refroidir ou rester dans le Seigneur ? On avertit les enfants d'Israël qu'un temps de prospérité allait arriver. Moïse les avertit en leur disant de ne pas oublier Dieu quand ce temps arriverait. Les gens ont besoin d'intercession simplement parce qu'ils entrent dans un nouveau temps ou saison de leur vie.

Beaucoup de personnes s'écartent du chemin le jour où ils deviennent prospères. Les pasteurs doivent prier pour leurs congrégations, afin que les petits enfants (brebis) ne s'écartent pas du chemin à l'heure de la tentation.

La Bible parle du mauvais jour. Un mauvais jour est un jour où les choses ne marchent pas bien. Intercéder pour les croyants les aide à tenir ferme dans les mauvais jours.

« C'est pourquoi, prenez toutes les armes de Dieu, afin de pouvoir résister dans le mauvais jour, et tenir ferme après avoir tout surmonté. »

Éphésiens 6 : 13

Si vous ne priez pas pour vos fidèeles, quand les mauvais jours arriveront, ils chuteront ! Les pasteurs et les bergers ont le devoir d'intercéder pour les brebis. **Chaque brebis en est à une saison différente de sa vie.** Dieu attend de vous que vous priiez pour vos fidèeles parce que chacun d'eux en est à une saison différente de sa vie.

Certaines personnes en sont à la saison de la tentation et de la mort. Elles n'ont aucune chance, à moins que vous n'intercédiez pour elles !

Chapitre 21

Comment intercéder contre la loi des « choses rampantes » ?

L'intercession s'attaque à la loi des « choses rampantes »

« Dieu fit les animaux de la terre selon leur espèce, le bétail selon son espèce, et tous les reptiles de la terre selon leur espèce. Dieu vit que cela était bon. Puis Dieu dit : faisons l'homme à notre image, selon notre ressemblance, et qu'il domine sur les poissons de la mer, sur les oiseaux du ciel, sur le bétail, sur toute la terre, et sur tous les reptiles qui rampent sur la terre. »

Genèse 1 : 25-26

Qu'est-ce qu'une « chose rampante » ? Ce sont des choses qui se faufilent vers vous sans que vous ne vous en rendiez compte.

Le livre de Genèse parle de différentes créatures de Dieu. Parmi celles-ci, il y a des choses rampantes.

Au plan spirituel, il y a des choses qui se dirigent vers nous de façon furtive. Les grands changements se produisent sur une longue période de temps. La plupart des gens remarquent à peine ces choses quand elles se produisent.

Je vais citer quatre choses qui rampent sur toutes les églises :

a. La séduction (dans les églises d'Europe par exemple)

b. Les mauvaises attitudes (la paresse, le laisser-aller et l'incrédulité par exemple)

c. La familiarité (le fait de ne pas apprécier le don de Dieu parmi nous par exemple).

d. Le changement des priorités (le fait par exemple se transformer en organismes de santé ou d'éducation, au lieu de devenir des entreprises missionnaires)

La séduction est une « chose rampante »

Comment croyez-vous que les églises d'Europe aient fait pour dégénérer en passant du statut de société débordante de vie et à celui d'organisation athée et impie ? Cela ne s'est pas produit du jour au lendemain. L'esprit de séduction s'est lentement introduit dans l'église. La séduction est une « chose rampante. »

La familiarité est l'une des « choses rampantes » les plus dangereuses qui puisse envahir l'église. Sans même s'en rendre compte, l'église perd l'estime qu'elle a pour son pasteur. Bien entendu, elle prétend toujours en avoir, mais en réalité, elle n'en a plus !

La familiarité est une « chose rampante »

J'ai vu la familiarité s'introduire progressivement dans mon propre ministère. Quels en sont les signes ? L'un d'eux, c'est le fait de ne pas apprécier le pasteur. Regardez comment réagit la congrégation à la présence d'un pasteur en visite, simplement parce qu'il s'agit de quelque chose de nouveau.

Je me rends compte de la manière dont les gens m'accueillent lorsque je suis à l'extérieur de mon église. J'ai remarqué que les gens m'accueillent beaucoup plus chaleureusement que dans ma propre église. Il se produit un plus grand nombre de miracles et le niveau de réceptivité est plus élevé. C'est l'un des phénomènes les plus naturels que l'on rencontre au sein des églises chrétiennes de nos jours. La prière d'intercession permet d'écarter ces reptiles spirituels. La prière d'intercession permettra de combattre cette familiarité rampante qui empêche l'Esprit d'agir.

Chapitre 22

Comment intercéder contre la loi des choses fixées ?

L'intercession s'attaque à la loi des choses fixées

« Soixante-dix semaines ONT ÉTÉ FIXÉES sur ton peuple et sur ta ville sainte, pour faire cesser les transgressions et mettre fin aux péchés, pour expier l'iniquité et amener la justice éternelle, pour sceller la vision et le prophète, et pour oindre le Saint des saints. »

Daniel 9 : 24

Daniel priait pour son peuple. Il voulait que Dieu agisse en sa faveur. Il reçut soudain la visite d'un ange, qui lui apporta un message étonnant. Voyez vous, Daniel essayait de faire en sorte que la situation des gens change. Mais cela ne serait pas possible.

On informa Daniel que les lois divines du ciel avaient établi que le peuple de Dieu devait être puni pendant soixante-dix semaines. Il n'y pouvait rien. À travers ce passage, je souhaite attirer votre attention sur ce que j'appelle *les choses fixées*. Ce sont des choses qui ne peuvent pas changer. Elles se produiront, que vous priiez ou non !

La prière d'intercession permet de faire face aux choses fixées. Comprenez-moi bien. Il y a beaucoup de choses que l'on peut changer. Si cela n'était pas possible, il ne servirait à rien de prier. Ce que j'essaie de vous démontrer, c'est qu'il y a des choses qui ne peuvent pas être changées (les choses fixées).

Parfois, on déclare la guerre à certaines nations. On n'y peut rien. Si cela ne peut pas changer, le Seigneur vous le dira et vous indiquera ensuite quoi faire. On informa Daniel qu'Israël allait recevoir toutes sortes de punitions pendant soixante-dix semaines. Il n'y pouvait rien.

La mort fait souvent partie de ces choses fixées. Regardez cet étonnant passage des Écritures. Il nous apprend que l'heure de votre départ de terre a été fixée. Par conséquent, vous n'avez plus besoin de vous inquiéter au sujet de la mort.

« Le SORT de l'homme sur la terre... »

Job 7 : 1

Job déclara que les jours de l'homme sont ceux d'un mercenaire. Quand un contrat est terminé, il est terminé.

« Et ses jours sont ceux d'un MERCENAIRE (contractant)... »

Job 7 : 1

Vous n'y pouvez rien. La différence ici est que vous ne connaissez pas la durée de votre contrat. C'est pourquoi vous devez être prêt à tout moment.

C'est aussi la raison pour laquelle vous ne devez pas avoir peur. **Quand l'intercession ne peut pas changer une chose fixée, elle vous apprend comment vivre avec ou vous y préparer !**

Même Jules César le savait ! Il déclara que la mort « doit venir quand elle doit venir. »

> *Les lâches meurent bien des fois avant leur mort ;*
> *les vaillants ne sentent qu'une fois la mort.*
> *De tous les prodiges dont j'ai jamais ouï parler,*
> *le plus étrange pour moi, c'est que les hommes aient peur,*
> *voyant que la mort est une fin nécessaire*
> *qui doit venir quand elle doit venir.*

(Extrait de Jules César, Acte deuxième, scène 2, traduction de François-Victor Hugo)

Chapitre 23

Comment intercéder contre la loi des astres ?

L'intercession s'attaque aux astres

Les chrétiens nés de nouveau se tiennent traditionnellement loin du sujet des astres. La Bible n'enseigne pas que l'on doit étudier les astres ou s'en servir pour nous orienter. Toutefois, j'aimerais mentionner ce que j'appelle l'inflence des astres.

J'aimerais vous montrer quelques passages des Écritures qui indiquent que les astres ont une certaine influence sur les événements qui se produisent sur terre. Par exemple, la naissance de Jésus fut annoncée à des mages d'Orient par une étoile.

> « Jésus étant né à Bethléhem en Judée, au temps du roi Hérode, voici des mages d'Orient arrivèrent à Jérusalem, et dirent : où est le roi des Juifs qui vient de naître ? car nous avons vu son étoile en Orient, et nous sommes venus pour l'adorer. Après avoir entendu le roi, ils partirent. Et voici, l'étoile qu'ils avaient vue en Orient marchait devant eux jusqu'à ce qu'étant arrivée au-dessus du lieu où était le petit enfant, elle s'arrêta. Quand ils aperçurent l'étoile, ils furent saisis d'une très grande joie. »
>
> Matthieu 2 : 1, 2, 9, 10

L'influence ou la signification des étoiles a été reconnue dans les Écritures au travers de la naissance de Christ. Ce que j'essaie de dire, c'est que ces étoiles ont une signification et une importance. On dirait qu'il y a là quelque chose de programmé et de fixé.

Lisez ce passage :

> « Noues-tu les LIENS des Pléiades, ou détaches-tu les cordages de l'Orion ? Fais-tu paraître en leur temps les

signes du zodiaque, et conduis-tu la Grande Ourse avec ses petits ? Connais-tu les lois du ciel ? Règles-tu SON POUVOIR SUR LA TERRE ? »

Job 38 : 31-33

L'*Orion* dont il est question dans ce passage, c'est la constellation d'étoiles également appellée le Chasseur.

Les *Pléiades* sont le nom donné à sept étoiles de la constellation du Taureau.

La *Grande Ourse* est une constellation d'étoiles située dans l'hémisphère Nord. Elle est également connue sous le nom d'Arcturus.

Le mot *Mazzaroth* désigne les douze signes du zodiaque.

Le zodiaque est une ceinture située dans les cieux et qui comprend toutes les positions apparentes du soleil, de la lune et des planètes telles que connues par les anciens astronomes, il est sont divisées en douze parties égales (signes du zodiaque).

Le passage qui précède parle de la *douce influence* des pléiades. C'est l'influence qu'ont les astres sur la planète terre. Une question y est posée, à savoir : « Règles-tu *son pouvoir* sur la terre ? » L'expression « pouvoir sur la terre » fait référence à l'influence et au contrôle qu'exerce cette constellation d'étoiles sur les affaires des hommes. Je suis convaincu que grâce au pouvoir de l'intercession, toute influence négative que peut avoir Mazzaroth ou les pléiades n'aura pas le dessus !

Vous ignoriez peut-être que tant de facteurs entrent en jeu, qui menacent notre existence. Dieu est en train de vous donner plus de raisons de devenir un intercesseur pratiquant. Tout décret céleste publié contre vous sera changé en votre faveur alors que vous intercédez.

Chapitre 24

Comment intercéder
au sujet des lois de Dieu ?

L'intercession s'attaque aux lois de Dieu

Par loi de Dieu, on entend la capacité de Dieu à prononcer *un jugement ou se montrer miséricordieux*. Mais la Bible dit clairement que Dieu préfère la miséricorde. Dieu préfère la miséricorde au jugement !

> **« Quel Dieu est semblable à toi, qui pardonnes l'iniquité, qui oublies les péchés du reste de ton héritage ? Il ne garde pas sa colère à toujours, Car IL PREND PLAISIR [PRÉFÈRE] À LA MISÉRICORDE. »**
>
> **Michée 7 : 18**

La Parole enseigne que Dieu ne désire pas la mort du méchant.

> **« ...je suis vivant ! dit le Seigneur, l'Éternel, CE QUE JE DÉSIRE, CE N'EST PAS QUE le méchant meure. »**
>
> **Ézéchiel 33 : 11**

Quand Dieu prononce un jugement, celui-ci est en général très grave et irréversible. Parce que notre Dieu est un Dieu de justice, il n'a pas d'autre choix que de prononcer des jugements quand il le faut.

Abraham et Moïse empêchèrent tous les deux le jugement de Dieu. Alors que Sodome et Gomorrhe méritaient le jugement du feu, c'est Abraham qui empêcha Dieu de se mettre en colère. Sa prière d'intercession est le plus grand exemple de la manière dont Dieu peut écouter un homme.

Pourquoi Dieu écouterait-il un simple homme ? Dieu veut avoir une raison de choisir la miséricorde et d'éviter le

jugement. Tout bon leader qui a le cœur de Dieu cherche toujours une raison d'éviter le jugement et de se montrer miséricordieux.

> **« Abraham s'approcha, et dit : feras-tu aussi périr le juste avec le méchant ? »**
>
> **Genèse 18 : 23**

Malheureusement, Abraham ne put éviter à Sodome et Gomorrhe de subir le jugement de Dieu. Dieu ne put trouver ne serait-ce que cinq justes dans la ville. Le Seigneur essaya d'éviter le jugement, mais en vain !

Toutefois, Moïse put obtenir la délivrance d'Israël.

> **« Et il parla de les exterminer ; mais Moïse, son élu, SE TINT à la brèche DEVANT LUI, pour détourner sa fureur et l'empêcher de les détruire. »**
>
> **Psaume 106 : 23**

Cher ministre, Dieu vous a appellé à vous tenir sur la brèche. Si vous vous tenez entre le jugement de Dieu et les gens, vous sauverez beaucoup de vies. Devenez un intercesseur ! Vous sauverez des nations !

Chapitre 25

Sept signes distinctifs
de la prière à l'oeuvre

« Mes petits enfants, pour l'enfantement desquels JE
TRAVAILLE de nouveau jusqu'à ce que Christ soit
formé en vous... »

Galates 4 : 19
(Bible King James française, 2006)

« Epaphras, qui est des vôtres, vous salue : serviteur de
Jésus-Christ, il ne cesse de COMBATTRE pour vous
dans ses prières... »

Colossiens 4 : 12

La prière à l'oeuvre est celle qui donne naissance à de
nouvelles choses. Si vous voulez enfanter de nouvelles
dimensions dans votre ministère, vous devrez travailler dans la
prière. On raconte qu'il est arrivé que des gens travaillent dans
la prière au point que des trous apparurent aux endroits où ils
s'étaient agenouillés pour prier. De nombreux réveils dans le
passé se produisirent grâce à des intercesseurs qui travaillèrent
dans la prière.

La prière à l'oeuvre est celle qui travaille passionnément
jusqu'à ce que l'enfant naisse. Qu'est-ce donc qu'une prière à
l'oeuvre, et comment puis-je savoir si ma prière est une prière en
travail ou non ? Dans le présent chapitre, j'aimerais vous indiquer
quelques signes à rechercher. Ces signes vous permettront de
savoir si votre prière est une prière à l'oeuvre ou non.

Les femmes qui ont eu des enfants sont les mieux placées
pour enseigner ce qu'est la prière à l'oeuvre. Elles peuvent
expliquer dans les moindres détails ce qui se passe dans une salle
de travail ! *Tout comme il ne peut y avoir d'accouchement sans
travail, de même il est impossible d'enfanter quelque chose de
nouveau au plan spirituel sans prière à l'oeuvre.*

Sept signes distinctifs de la prière à l'oeuvre

« Avant d'éprouver les douleurs, Elle a enfanté... »

Ésaïe 66 : 7

1. Longues heures de prière

La plupart des femmes restent plusieurs heures en travail. Après plusieurs heures de douleur, elles donnent naissance à un nouveau-né. Prier longtemps permet d'enfanter de nouvelles églises et de nouveaux ministères.

2. Souffrance

Quand une femme entre en salle de travail, elle passe par toutes sortes d'afflictions. Sans cette souffrance, il ne peut y avoir de percée. Quand on s'engage dans la prière en travail, on doit parfois jeûner et sacrifier d'autres plaisirs. Cela fait partie du travail. Je vous assure que la récompense sera grande !

3. Douleur

Donner naissance à un enfant est quelque chose de très douloureux. La douleur liée au jeûne et au sacrifice fait partie de la prière en travail.

4. Honte

Quand on est en jeûne et prière, on peut ne pas avoir l'air très attirant. On peut perdre du poids quand on jeûne et qu'on s'attend au Seigneur.

Un jour quelqu'un m'a dit d'un air moqueur : « Crois-tu que c'est en devenant squelettique que tu iras au ciel ? » J'étais en temps de jeûne et prière pour la création d'un nouveau groupe de partage. J'avais l'air d'un râteau, et mes amis se moquaient de moi ! Mais je vis naître un nouveau groupe chrétien, et cela me procura beaucoup de joie. Un jour je recevrai aussi ma récompense céleste.

5. Fatigue

Prier avec ferveur peut être très fatigant. Il est impossible de faire des prières agissantes quand on est paresseux. La prière agissante diffère de l'étude biblique et de l'écoute de messages audio. Elle nécessite un effort physique permettant de prier pendant des heures. Moïse était tellement fatigué qu'on dût lui soutenir les bras.

6. Faim

Cela fait partie de prix à payer quand on s'attend à Dieu. Croyez-vous qu'une femme qui est en travail se lève toutes les cinq minutes pour manger un morceau ? Certainement pas ! Elle supporte la faim jusqu'à ce que tout soit terminé. Interrogez n'importe quelle femme qui a un enfant. Elle vous confirmera ce que je dis.

7. Nouveau-né

La prière agissante engendre toujours quelque chose de nouveau. Avec le temps, vous verrez cette nouvelle chose devant vous et vous rendrez gloire à Dieu. Il s'agira peut-être d'une nouvelle église ou d'un nouveau groupe de partage. Il s'agira peut-être d'une nouvelle phase dans votre ministère. Travailler dans la prière n'est pas facile, mais cela en vaut la peine !

Chapitre 26

Trente-deux raisons pour lesquelles je prie en langue

« Je rends grâces à Dieu de ce que je parle en langue plus que vous tous ; »

1 Corinthiens 14 : 18

Selon moi, la capacité de prier en langue est probablement le plus beau cadeau que Dieu ait fait aux ministres. Dans le présent chapitre, j'aimerais évoquer les raisons pour lesquelles prier en langue est très important et très utile pour tous les ministres. Chacune de ces raisons a un fondement biblique et j'aimerais que vous y réfléchissiez pour votre propre bien.

« Car si je prie en langue, mon esprit est en prière, mais mon intelligence demeure stérile. [mon intelligence est stérile] »

1 Corinthiens 14 : 14

1. Quand je prie en langue, je me recharge comme une pile (1 Corinthiens 14 : 4).

2. Quand je prie en langue, je suis immédiatement inspiré par le Saint-Esprit (Actes 2 : 4).

3. Quand je prie en langue, je prie avec mon coeur (esprit) (1 Corinthiens 14 : 14).

4. Quand je prie en langue, ma prière est dictée et orientée par le Saint-Esprit (Actes 2 : 4).

5. Quand je prie en langue, j'opère directement dans le royaume spirituel (1 Corinthiens 14 : 1).

6. Quand je prie en langue, les autres ne comprennent pas ce que je dis (1 Corinthiens 14 : 1).

7. Quand je prie en langue, les démons ne comprennent pas ce que je dis (1 Corinthiens 14 : 1).

8. Quand je prie en langue, je peux entendre la voix de l'Esprit en interprétant ma prière (1 Corinthiens 14 : 13).

9. Quand je prie en langue, je peux prier pendant de longues heures comme Jésus (Marc 1 : 35 ; Luc 6 : 12).

10. Quand je prie en langue, je peux intercéder pour des âmes, des familles et des nations (Éphésiens 6 : 18).

11. Quand je prie en langue, je parle à moi-même et à Dieu. Cela me permet de me concentrer sur Dieu, quel que soit l'endroit où je me trouve (1 Corinthiens 14 : 28).

12. Quand je prie en langue, je rends d'excellentes actions grâces et louanges (1 Corinthiens 14 : 17).

13. Quand je prie en langue, je montre au monde que Christ vit en moi (Marc 16 : 17).

14. Quand je prie en langue, je franchis la première étape menant aux choses surnaturelles (Actes 2 : 4).

15. Quand je prie en langue, je mets ma foi en oeuvre (Galates 3 : 5).

16. Quand je prie en langue, je fais ce que firent de grands hommes de Dieu tels que Paul (1 Corinthiens 14 : 18; Hébreux 6 : 12).

17. Quand je prie en langue, je peux prier contre mes ennemis (en leur présence) sans qu'ils ne comprennent ce que je suis en train de dire.

18. Quand je prie en langue, je peux à la fois prier et penser (1 Corinthiens 14 : 14).

19. Quand je prie en langue, je peux à la fois prier et étudier (1 Corinthiens 14 : 14).

20. Quand je prie en langue, je peux à la fois prier et lire ma Bible (1 Corinthiens 14 : 14).

21. Quand je prie en langue, je peux à la fois prier et lire d'autres livres (1 Corinthiens 14 : 14).

22. Quand je prie en langue, je peux à la fois prier et écouter des messages audio (1 Corinthiens 14 : 14).

23. Quand je prie en langue, je peux à la fois prier et regarder des DVD (1 Corinthiens 14 : 14).

24. Quand je prie en langue, je peux à la fois prier et prendre mon bain (1 Corinthiens 14 : 14).

25. Quand je prie en langue, je peux à la fois prier et m'habiller (1 Corinthiens 14 : 14).

26. Quand je prie en langue, je peux à la fois prier et marcher (1 Corinthiens 14 : 14).

27. Quand je prie en langue, je peux à la fois prier et écrire (1 Corinthiens 14 : 14).

28. Quand je prie en langue, je peux à la fois prier et cuisiner (1 Corinthiens 14 : 14).

29. Quand je prie en langue, je peux à la fois prier et travailler au bureau (1 Corinthiens 14 : 14).

30. Quand je prie en langue, je peux à la fois prier et me coiffer (1 Corinthiens 14 : 14).

31. Quand je prie en langue, je peux à la fois prier et conduire (1 Corinthiens 14 : 14).

32. Quand je prie en langue, je peux à la fois prier et attendre le bus (1 Corinthiens 14 : 14).

Partie II

LES VISITES

Chapitre 27

Douze raisons pour lesquelles un pasteur doit rendre visite à ses brebis

Pasteurs, les visites transformeront votre ministère pastoral ! Les visites entraînent une explosion de la croissance de l'église. Une visite consiste à se rendre au domicile et au lieu de travail d'une personne pour accomplir son ministère. Accomplir le ministère auprès d'une personne à son domicile constitue l'une des plus grandes clefs de l'efficacité dans le ministère.

Les visites constituent une partie essentielle du véritable ministère pastoral. Il ne s'agit pas d'un pseudo-ministère. C'est en cela que consiste le véritable ministère. Quelle que soit la quantité de prières que vous faites, vous devez quand-même rendre visite aux brebis. Lisez votre Bible, et vous découvrirez que Dieu attend des pasteurs qu'ils rendent visite à leurs brebis.

Cher pasteur, choisissez d'avoir plus qu'un centre de prédication dans lequel les brebis se rassemblent. Ne vous comportez pas comme un directeur assis dans son fauteuil ou un premier ministre. Soyez véritablement un berger qui part à la recherche des brebis, quel que soit l'endroit où elles se trouvent. C'est cela le véritable ministère pastoral.

> **« C'est pourquoi ainsi a dit le Seigneur, le Dieu d'Israël, touchant les bergers qui paissent mon peuple : vous avez dispersé mes brebis ; vous les avez chassées et NE LES AVEZ PAS VISITÉES. Voici, je vais punir sur vous la malice de vos actions, dit le Seigneur. »**
>
> **Jérémie 23 : 2**
> **(Bible King James française, 2006)**

Douze (12) raisons pour lesquelles un pasteur doit rendre visite à ses brebis

1. Chaque membre de l'église a besoin d'une visite

2. Chaque membre de l'église mérite qu'on lui rende visite

3. Chaque membre de l'église s'attend à ce qu'on lui rende visite

4. Plus on rend visite à une brebis, mieux elle se porte

5. Une visite permet de faire d'une brebis un membre permanent de l'église

6. Dieu s'attend à ce que tous les pasteurs rendent visite aux brebis

7. Toute brebis a besoin d'être visitée à plusieurs reprises par le même pasteur

8. Toute brebis a besoin que d'autres pasteurs et bergers lui rendent visite

9. Le péché de la négligence consiste à ne pas visiter une brebis

10. Négliger totalement une brebis c'est pécher en l'abandonnant

11. Beaucoup de brebis sortent du droit chemin quand on ne leur rend pas visite

12. L'église ne grandira pas sans les visites

Il est impossible de résoudre tous les problèmes pendant un culte. Beaucoup de problèmes ne peuvent pas être résolus au téléphone.

Quand on prend soin du troupeau de Dieu, on se rend compte du nombre de problèmes que les gens ont. Le livre d'Ézéchiel dit que beaucoup de brebis étaient malades, lasses et dispersées.

« Vous n'avez pas fortifié celles qui étaient faibles, guéri celle qui était MALADE, pansé celle qui était BLESSÉE ; vous n'avez pas ramené celle qui S'ÉGARAIT, cherché celle qui était perdue ; mais vous les avez dominées avec violence et avec dureté. Elles se sont dispersées, parce qu'elles n'avaient point de pasteur ; elles sont devenues la proie de toutes les bêtes des champs, elles se sont dispersées. »

Ézéchiel 34 : 4,5

Tous les problèmes des brebis ne peuvent pas être résolus par la prédication à la chaire. Les brebis doivent être recherchées. « vous n'avez pas ... cherché celle qui était perdue » (Ézéchiel 34 : 4).

Les membres de votre église méritent que vous leur rendiez visite parce que Jésus est mort pour eux. Il a donné Sa vie pour eux. Aujourd'hui, ce qui intéresse les gens, c'est de construire leurs sociétés, leurs entreprises, leurs maisons et leurs empires. Personne ne se soucie des brebis. Jésus demanda à Pierre à trois reprises : « M'aimes-tu ? » Pierre répondit : « Bien-sûr que je t'aime ! » Nous aurions répondu la même chose. Mais Jésus expliqua clairement que si nous l'aimons, nous devons paître ses brebis.

Les gens ont parfois besoin qu'on leur rende visite plusieurs fois parce qu'une seule visite ne suffit pas. Il m'est arrivé de rendre visite à une personne, sans qu'il ne se passe rien. Parfois, quelqu'un d'autre rendait visite à la même personne, et il y avait une percée !

Ne pas rendre visite à une brebis, c'est être négligent ! Dans certains cas, il s'agit en fait d'un abandon. Ne soyez pas surpris que Dieu se mette en colère contre les bergers.

« Maudit soit celui qui fait avec négligence l'oeuvre de l'Éternel, maudit soit celui qui éloigne son épée du carnage ! »

Jérémie 48 : 10

Chapitre 28

Les trois secrets de la puissance d'une visite

U ne visite a le pouvoir de changer une vie ! Beaucoup de pasteurs ignorent le secret de la puissance d'une visite. Dans le présent chapitre, j'aimerais que vous compreniez pourquoi les visites sont si puissantes pour le ministère d'un pasteur !

Une visite est une puissante combinaison de trois forces

1.   *Une visite est une expression d'AMOUR*

2.   *Une visite implique le ministère de la PAROLE*

3.   *Une visite implique le ministère de la PRIÈRE*

La *Parole* de Dieu est puissante et change les vies. La Bible dit qu'elle apporte la lumière là où il y a des ténèbres. Il n'est par conséquent pas étonnant qu'elle ait un effet puissant sur les gens.

La *Prière* est également quelque chose de puissant. La Bible dit qu'elle a une grande efficacité.

Mais la Bible dit aussi que *l'amour* ne périt jamais ! Il y a beaucoup d'armes spirituelles dont nous nous servons tout le temps. Mais il n'est dit d'aucune d'entre elles qu'elle ne « périt jamais ». Cela fait de l'amour une arme très puissante.

Parfois nous prêchons la parole, mais les gens ne se sentent pas aimés. **Une visite combine parole, prière et amour.** La personne à qui l'on rend visite se sent aimée. Il faut vraiment que vous l'aimiez pour lui rendre visite ! Faire tout le trajet menant au domicile d'une personne à une heure inhabituelle est une grande preuve d'amour. Les mots seuls ne suffisent pas.

« Petits enfants, n'aimons pas en paroles et avec la langue, mais en ACTIONS et avec vérité. »

1 Jean 3 : 18

Aimer en actions implique rendre visite aux gens à leur domicile. Aimer en actions implique que l'on connaisse les conditions réelles de vie des gens.

Parfois, celui à qui l'on rend visite n'entend même pas ce qu'on lui dit. **Ce qu'il retient, c'est que vous vous souciiez suffisamment de lui pour lui rendre visite.**

Cher ministre, ne sous-estimez pas l'effet de ce puissant mélange de Parole, d'amour et de prière !

Chapitre 29

Huit directives permettant d'effectuer une visite fructueuse

1. Toute visite doit permettre d'accomplir quelque chose.

2. Toute visite doit débuter par un moment de détente.

3. Les pasteurs doivent se souvenir qu'une visite de berger n'est pas une sortie de plaisir.

4. Toute visite pastorale doit être un événement spirituel ayant une portée spirituelle.

5. Toute visite pastorale doit inclure le ministère de la parole.

6. Une visite devient efficace lorsque la puissance de Dieu est libérée à travers la prière.

7. Toute visite pastorale doit se terminer par une puissante prière.

8. Une visite doit avoir un effet puissant et durable.

> **« Elle est venue chez les siens...Mais à tous ceux qui l'ont reçue, à ceux qui croient en son nom, elle a donné le pouvoir de devenir enfants de Dieu... »**
>
> **Jean 1 : 11,12**

Jésus accomplit beaucoup de choses au cours des trois années qu'il passa sur terre. Vous remarquerez que Jésus ne se contenta pas de tuer le temps dans le ministère. Il prêcha, enseigna et fit le ministère aux gens. La première partie de la visite de Jésus sur terre fut un temps de détente. Il s'intégra à la société et en devint membre.

> **« Puis il descendit avec eux pour aller à Nazareth, et il leur était soumis. Sa mère gardait toutes ces choses dans son coeur. Et Jésus croissait en sagesse, en stature, et en grâce, devant Dieu et devant les hommes. »**
>
> **Luc 2 : 51-52**

Mais Jésus se rappella que sa venue sur terre n'était pas qu'une visite amicale. Il prêcha et bénit les gens. Ses prières étaient tellement puissantes qu'elles ressuscitaient les morts et chassaient les démons. Après cette visite, la terre ne fut plus jamais la même.

« Jésus a fait encore beaucoup d'autres choses ; si on les écrivait en détail, je ne pense pas que le monde même pût contenir les livres qu'on écrirait. »

Jean 21 : 25

Chapitre 30

Dix règles relatives
aux visites

1. Un pasteur ne doit jamais refuser de rendre visite à quelqu'un qui le lui demande.

Ce n'est pas tout le temps qu'une brebis crie à l'aide. Quand cela arrive, assurez-vous de répondre à sa demande. Paul n'ignorait pas les cris à l'aide.

> « Pendant la nuit, Paul eut une vision : un Macédonien lui apparut, et lui fit cette prière : Passe en Macédoine, secours-nous ! »
>
> Actes 19 : 9

2. Tout pasteur doit être capable de détecter les demandes de visite non exprimées.

Chaque fois qu'un membre de l'église a des difficultés, le pasteur doit réaliser qu'il doit lui accorder de l'attention. La chanson dit : « Il a le regard sur les moineaux ». De même, votre regard doit être sur la brebis. Tout comme Dieu connait le nombre de vos cheveux, de même vous devez connaître le nombre de vos brebis et en prendre soin. L'Éternel est en colère contre les bergers qui ignorent les problèmes des brebis.

> « Vous n'avez pas fortifié celles qui étaient FAIBLES, guéri celle qui était MALADE, pansé celle qui était BLESSÉE ; vous n'avez pas ramené celle qui S'ÉGARAIT, cherché celle qui était PERDUE ; mais vous les avez dominées avec violence et avec dureté. Elles se sont DISPERSÉES, parce qu'elles n'avaient point de pasteur ; elles sont devenues la proie de toutes les bêtes des champs, elles se sont dispersées. »
>
> Ézéchiel 34 : 4,5

Ce passage des Écritures souligne les problèmes que rencontrent les membres de l'église. Ils sont faibles, malades, blessés, égarés, perdus, dispersés, etc. Que Dieu ouvre vos yeux et vous permette de voir les besoins. Que Dieu vous donne le coeur qui permet de prendre soin de son peuple.

3. **Tout pasteur ou berger doit effectuer à la fois des visites de routine et des visites spéciales.**

Rendre visite aux brebis doit faire partie de la routine du berger. À l'âge de seize ans, j'établis une liste des membres de mon groupe de partage. Je décidai de leur rendre visite pendant les vacances. Je fis un plan permettant de me rendre au domicile de chacun d'eux. Aucun d'eux n'avait de problème particulier. En tant que berger, j'avais décidé que visiter les brebis devait faire partie de ma routine. Le coeur du berger parcourt les champs ! Il cherche à savoir où se trouve tout le monde. Il se demande si tout le monde va bien.

Toutefois, des situations particulières peuvent se présenter, telles qu'un décès, la maladie, le deuil, la naissance d'un enfant, une crise conjugale, etc. Celles-ci appellent des visites supplémentaires.

4. **Toute situation particulière que traverse un membre de l'église appelle des mesures d'urgence de la part du pasteur.**

« **David dit à Saül : ton serviteur faisait paître les brebis de son père. Et quand un lion ou un ours venait en enlever une du troupeau, JE COURAIS APRÈS LUI, je le frappais, et j'arrachais la brebis de sa gueule. S'il se dressait contre moi, je le saisissais par la gorge, je le frappais, et je le tuais.** »

1 Samuel 17 : 34-35

Quand un lion s'attaque à la brebis, il va sans dire que cela représente une urgence pour le berger. Il ne s'agit pas d'un événement qui fait partie de la routine. Cela nécessite une intervention rapide. Chaque fois qu'une personne traverse des circonstances particulières, le pasteur doit agir rapidement. Il se peut que votre brebis soit dans la gueule d'un lion rugissant. À l'instar de David le berger, vous devez courir après lui.

Il y a des urgences dans tous les domaines. Même en médecine, celles-ci sont classées par catégories. Il y a par exemple des urgences chirurgicales, des urgences gynécologiques, etc. Le médecin est formé pour établir un diagnostic et répondre rapidement aux urgences. Quand une personne est brisée par les circonstances, cela constitue une urgence spirituelle. Quand une personne est perdue et est à la merci de loups, cela représente une urgence spirituelle. J'imagine, en esprit, un de mes membres dans la gueule d'un lion. Il a un urgent besoin d'aide. Mais cela n'est qu'une image de l'endroit où se trouvent beaucoup de brebis.

> **« Vous n'avez pas fortifié celles qui étaient FAIBLES, guéri celle qui était MALADE, pansé celle qui était BLESSÉE ; vous n'avez pas ramené celle qui S'ÉGARAIT, cherché celle qui était PERDUE ; mais vous les avez dominées avec violence et avec dureté. Elles se sont DISPERSÉES, parce qu'elles n'avaient point de pasteur ; elles sont devenues la proie de toutes les bêtes des champs, elles se sont dispersées. »**
>
> **Ézéchiel 34 : 4,5**

Dans le monde du ministère, ce sont ces circonstances particulières qui constituent nos urgences. Nous devons prendre des mesures rapides si nous voulons sauver la vie de nos brebis.

5. Tout pasteur doit effectuer à la fois des visites-surprise et des visites annoncées.

La visite-surprise et la visite annoncée ont un effet différent. Ces deux types de visites sont importants et doivent être effectués.

6. La visite-surprise permet de connaître les conditions de vie réelles des membres de l'église.

La visite-surprise permet de connaître les conditions de vie réelles des gens. Il m'est arrivé de rendre visite à des gens et de les trouver en train de fumer. Dans d'autres cas, j'ai trouvé des personnes vivant ensemble alors qu'elles n'étaient pas réellement mariées. Il m'est aussi arrivé de découvrir que certains membres vivaient dans la misère. Quand ils venaient à l'église, ils paraissaient si bien mis. Personne ne pouvait imaginer leurs conditions de vie.

La visite-surprise permet de savoir le type de personne dont on s'occupe. Elle aide aussi à prêcher comme il convient.

7. La visite annoncée permet au membre de l'église de se montrer sous son meilleur jour.

Quand quelqu'un attend une visite, il prépare sa maison. Cela permet aux membres de se montrer sous leur meilleur jour. Cela leur donne un sentiment d'accomplissement, car le pasteur les voit sous leur meilleur jour.

8. Les pasteurs doivent se protéger en rendant visite deux à deux.

« ...et il les envoya deux à deux devant lui dans toutes les villes... »

Luc 10 : 1

Deux valent mieux qu'un. L'un fortifie l'autre. Ils s'aident à prêcher et à partager la Parole. Un seul mettra mille en fuite et deux mettront dix-mille en fuite. C'est la raison pour laquelle Jésus les envoya deux à deux.

Quand vous rendez visite à des personnes du sexe opposé, elles ne peuvent pas facilement vous accuser d'avoir des arrière-pensées, car vous n'allez pas chez elles tout seul. C'est l'avantage qu'il y a à rendre visite aux gens deux à deux.

9. Il est plus sûr pour deux ministres du même sexe d'effectuer des visites.

Plus vous effectuerez des visites, plus vous vous attacherez l'un à l'autre. Vous n'avez peut-être pas envie de vous attachez à la personne avec laquelle vous effectuez des visites.

10. Les pasteurs ne doivent pas effectuer plus de visites qu'il ne faut, afin de ne pas faire mauvaise impression.

« Mets rarement le pied dans la maison de ton prochain, de peur qu'il ne soit rassasié de toi et qu'il ne te haïsse. »

Proverbes 25 : 17

Si vous rendez constamment visite à une personne en particulier, elle passera de *l'euphorie* à *l'incertidude*, puis à *la colère*, en passant par *l'irritation*. Ne vous faites pas détester par les membres de votre église parce que vous leur rendez visite trop souvent. Ils commenceront à s'interroger sur vos motivations. Ils se poseront les questions suivantes : « Le pasteur a-t-il faim ? Est-ce qu'il veut à manger ? Est-ce qu'il attend quelque chose de nous ? ».

Chapitre 31

Sept astuces
qui facilitent les visites

1. Profitez de vos allers et retours à destination et en provenance de l'église pour effectuer une visite.

« ...rachetez le temps, car les jours sont mauvais... »

Éphésiens 5 : 16

J'aime beaucoup la manière dont quelqu'un a interprété ce passage. Il a dit ce qui suit : « *Rachetez ces moments que beaucoup jettent à la poubelle.* » Si vous rachetez les moments que d'autres jettent à la poubelle, vous accomplirez de grandes choses pour Dieu.

2. Profitez de vos allers et retours à destination et en provenance de votre lieu de travail pour effectuer une visite.

« ...Faites un bon usage de toute occasion... »

Éphésiens 5 : 16
(Bible en français courant)

3. Faites plusieurs visites au cours d'un seul voyage.

« ...Faites un bon usage de toute occasion... »

Éphésiens 5 : 16
(Bible en français courant)

Il est souvent possible de visiter un certain nombre de personnes au cours d'un seul voyage. J'essaie souvent de visiter plusieurs personnes en un voyage.

4. Rendez visite à tous ceux qui vivent dans la même zone en un seul voyage.

Le bon pasteur sait qui vit dans une zone donnée. Chaque fois qu'il est dans cette zone, il doit savoir quelles sont les visites potentielles qu'il peut effectuer.

5. Rendez visite aux gens sur leur lieu de travail ou dans leur école quand il vous est impossible de les rencontrer à leur domicile.

« Prenez donc garde de vous conduire avec circonspection... comme des sages... »

Éphésiens 5 : 15

Certaines personnes n'ont pas de domicile où l'on puisse leur rendre visite. Elles vivent parfois avec un oncle ou une tante. Parfois, elles dorment dans la rue.

Vous pourrez peut-être leur rendre visite sur leur lieu de travail ou à leur école. Il m'est arrivé à plusieurs reprises de rendre une visite fructueuse aux gens à leur école ou sur leur lieu de travail.

6. Utilisez le dimanche comme jour de visites le plus important.

« ...Faites un bon usage de toute occasion... »

Éphésiens 5 : 16
(Bible en français courant)

Le dimanche est la journée idéale pour les visites. La plupart des gens restent chez eux le dimanche après-midi pour se détendre. Utilisez vos dimanches au maximum. Le dimanche est un jour de travail pour les pasteurs. Les pasteurs doivent travailler le dimanche et se reposer le lundi.

7. N'ayez pas peur de rendre visite aux gens tard dans la soirée.

Heureux ceux que le maître trouvera en train de travailler à la deuxième et la troisième veille de la nuit. La deuxième et la troisième veille correspondaient à 21 heures et minuit respectivement. C'est le cachet d'approbation des serviteurs de Dieu qui travaillent jusqu'à 21 heures ou minuit.

> « Qu'il arrive à la DEUXIÈME ou à la TROISIÈME VEILLE, HEUREUX CES SERVITEURS, s'il les trouve veillant ! »

Luc 12 : 38

Beaucoup de personnes vont de toute manière tard au lit. La télévision garde les gens éveillés dans leurs maisons. **Il y a beaucoup de personnes que vous ne réussirez jamais à rencontrer, à moins de leur rendre visite à une heure tardive.** Mais assurez-vous de rendre visite aux gens par deux. Cela permet d'écarter tout risque au cas où on vous soupçonne d'avoir de mauvaises intentions.

Chapitre 32

Cinq visites qui ont le pouvoir de changer une vie

Les visites de Jéhovah

1. Une visite destinée à résoudre des problèmes conjugaux

Dieu rendit visite à Adam et Ève

« Alors ils ENTENDIRENT LA VOIX DE L'ÉTERNEL DIEU, qui parcourait le jardin vers le soir, et l'homme et sa femme se cachèrent loin de LA FACE DE L'ÉTERNEL Dieu, au milieu des arbres du jardin. »

Genèse 3 : 8

L'Éternel Dieu rendit visite à Adam et Ève en pleine crise. Ils avaient des problèmes parce qu'ils avaient fait quelque chose de mal. Adam rejetait la faute sur Ève parce qu'elle avait parlé au serpent. Ève rejetait la faute sur Adam, disant qu'il n'avait pas passé du temps avec elle. C'était une véritable crise conjugale. Ils n'avaient ni vêtements, ni argent. L'Éternel arriva au bon moment. Il leur fit prendre conscience des conséquences de leurs actes. Il leur fit le ministère de la Parole de Dieu. Puis il trouva de nouveaux vêtements pour la famille. Quelle visite ! Celle-ci changea le cours de l'histoire de l'humanité.

« L'Éternel Dieu fit à Adam et à sa femme des habits de peau, et il les en revêtit. »

Genèse 3 : 21

2. Une visite destinée à encourager les gens

Dieu rendit visite à Abraham

« Lorsque Abram fut âgé de quatre-vingt-dix-neuf ans, L'ÉTERNEL APPARUT à Abram, et lui dit : je

suis le Dieu tout-puissant. Marche devant ma face, et sois intègre. On ne t'appellera plus Abram ; mais ton nom sera Abraham, car JE TE RENDS PÈRE d'une multitude de nations. »

Genèse 17 : 1,5

Abraham était marié depuis plusieurs années, mais il n'arrivait pas à avoir d'enfant. C'était un grand problème pour sa famille. Au cours d'une visite de Jehovah, une parole d'encouragement fut donnée. Tu deviendras père ! Cher pasteur, imaginez quel effet encourageant cette parole aurait eu sur vous si vous aviez été à la place d'Abraham !

Plusieurs fois, à la fin d'une visite, les gens m'ont dit : « Je me sens si encouragé. » *Le mélange d'amour, de prière et de Parole est inégalable.*

3. Une visite destinée à offrir conseils et orientations

Dieu rendit visite à Isaac

L'ÉTERNEL LUI APPARUT, et dit : ne descends pas en Égypte, demeure dans le pays que je te dirai.

Genèse 26 : 2

La ville dans laquelle vivait Isaac traversait une crise économique. Alors qu'il s'apprêtait à obtenir un visa pour voyager, il reçut une visite. Au cours de cette visite, il reçut des conseils. Le Seigneur lui dit : « Ne voyage pas comme tout le monde. » Dieu prendra soin de toi !

La vie d'Isaac fut changée à jamais à cause de ce conseil ! La vie de beaucoup de personnes est à jamais changée suite à une visite pendant laquelle ils reçoivent des conseils. Quand vous effectuez des visites, considérez-vous comme quelqu'un qui apporte des conseils et des orientations au peuple de Dieu.

4. Une visite qui fait de la brebis une personne engagée, ointe et qui paie sa dîme

Dieu rendit visite à Jacob

« Jacob s'éveilla de son sommeil et il dit : Certainement, L'ÉTERNEL EST EN CE LIEU, et moi, je ne le savais pas ! »

Genèse 28 : 16

Jacob reçut une visite du Seigneur. Il s'était refroidi dans sa foi et avait trompé beaucoup de personnes. Cette nuit-là, sa vie fut à jamais changée. Une personne malhonnête fut ramenée sur le droit chemin. À partir de ce moment-là, il devint un chrétien engagé. Il décida de payer ses dîmes et de participer à la construction de l'église.

Quelle différence une visite peut faire! Voyez-vous quelle arme puissante une visite peut constituer pour le ministère d'un pasteur ?

« Jacob fit un voeu, en disant : si Dieu est avec moi et me garde pendant ce voyage que je fais, s'il me donne du pain à manger et des habits pour me vêtir,

et si je retourne en paix à la maison de mon père, alors l'ÉTERNEL sera mon Dieu ;

cette pierre, que j'ai dressée pour monument, sera la maison de Dieu ; et je te donnerai la dîme de tout ce que tu me donneras. »

Genèse 28 : 20-22

Cher ami, quand vous effectuez des visites, parlez d'engagement à vos membres. Enseignez-leur à payer leurs dîmes. Enseignez-leur quelles bénédictions sont rattachées à la protection et l'approvisionnement divins. Votre visite aura un effet permanent sur leur vie.

5. Une visite destinée à capter l'attention d'un membre afin que Dieu puisse lui parler

Dieu rendit visite à Moïse

« L'ange de L'ÉTERNEL LUI APPARUT dans une flamme de feu, au milieu d'un buisson. Moïse regarda ; et voici, le buisson était tout en feu, et le buisson ne se consumait point. »

Exode 3 : 2

Moïse en était dans une « saison désertique » de sa vie. Cela faisait plus de quarante ans qu'il n'arrivait pas à s'en sortir. Une seule visite réussit à changer tout cela.

Parfois, une visite du pasteur peut amener le membre à se rendre compte que Dieu le connaît personnellement. L'effet en est souvent remarquable ! Les gens changent de façon spectaculaire quand ils se rendent compte que Dieu pense à eux. Comme dans le cas de Moïse, une longue période de refroidissement spirituel peut prendre fin grâce à une seule visite.

Chapitre 33

Cinq visites qui produisent un changement permanent

Les visites de Jésus-Christ

1. Une visite qui amena le salut dans beaucoup de vies

Jésus rendit visite au monde

> « Mais À TOUS CEUX QUI L'ONT REÇUE, à ceux qui croient en son nom, elle a donné le pouvoir de devenir enfants de Dieu. »
>
> **Jean 1 : 12**

C'est l'exemple de visite puissante que je préfère : une visite de trois années et demie qui changea le monde pour toujours. **C'est la visite la plus phénoménale de tous les temps. C'est la visite par excellence, celle qui changea le monde à jamais !**

Dieu merci, Jésus vint. Il aurait pu nous écrire une lettre. Il aurait pu envoyer un ange. Mais il vint en personne. Ce fut une preuve de l'amour de Dieu pour l'humanité. Beaucoup de gens répondirent à cet amour. Les fruits de cette visite sont partout. Chaque bâtiment d'église que l'on rencontre est un résultat de cette visite. Chaque chrétien que l'on rencontre est un produit de cette visite. Chaque ministre de l'Évangile est un produit de la visite de trois années et demie que Jésus rendit au monde.

Une visite peut amener le salut. La visite que Christ rendit à la terre amena le salut à des millions de personnes. Il m'est arrivé à plusieurs reprises de conduire des personnes à Christ au cours d'une visite. J'ai vu certaines d'entre elles s'établir de façon permanente en Christ. J'ai vu des personnes pleurer pendant qu'elles donnaient leur vie à Christ dans leur salle de séjour. Quand vous vous rendez dans une maison, assurez-vous d'exercer le ministère auprès de toutes les personnes non sauvées qui y vivent. Pensez toujours à conduire les gens à Christ au cours de vos visites.

2. Une visite qui amena la guérison

Jésus se rendit au domicile de Pierre

« JESUS SE RENDIT ENSUITE A LA MAISON DE PIERRE, dont il vit la belle-mère couchée et ayant la fièvre. Il toucha sa main, et la fièvre la quitta ; puis elle se leva, et le servit. »

Matthieu 8 : 14-15

Au cours de vos visites, vous pouvez aussi prier pour les malades. Croyez que l'onction de Dieu passera à travers vous. Les visites peuvent être pour vous le seul moyen de tester le don de guérison.

3. Une visite (sur demande) au cours de laquelle il se produisit des miracles

Jésus se rendit au domicile de Jaïrus

« Et voici, il vint un homme, nommé Jaïrus, qui était chef de la synagogue. Il se jeta à ses pieds, et LE SUPPLIA D'ENTRER DANS SA MAISON,... »

Luc 8 : 41

Nous sommes tellement habitués à voir la puissance de Dieu agir au cours d'un culte bondé. On a l'impression que Dieu ne peut agir que lorsque des milliers de personnes sont présentes. Je vais vous confier un secret. Saviez-vous que Jésus réservait ses meilleurs miracles pour un petit nombre de personnes ? Pourquoi ne marcha-t-il pas sur les eaux en présence de milliers de personnes ? Pourquoi réprima-t-il l'orage en présence de douze personnes qui s'étaient déjà engagées à le suivre ? Saviez-vous que seuls Pierre, André, Jacques et Jean virent Jésus remplir la barque de Pierre de poissons au point qu'elle se mit à couler ? Pourquoi ne se montra-t-il pas à des milliers de personnes quand il ressuscita des morts ?

Cher ami, apprenez le mystère de la piété. *Dieu n'a pas besoin d'impressionner qui que ce soit.* Dieu peut faire les plus grands miracles au domicile d'une personne. Permettez à la puissance de Dieu d'agir en toute liberté.

J'ai vu quelqu'un tomber pour la première fois sous l'effet de la puissance du Saint Esprit dans une chambre (pas dans une salle de l'église). J'étais en train d'exercer mon ministère à un jeune homme quand il tomba sous l'effet de la puissance du Saint-Esprit. Personne ne le vit, mais c'était réel ! Quand vous allez en visite, attendez-vous à voir la puissance de Dieu !

4. Une visite au cours de laquelle des enseignements et des conseils sur leur vie privée furent donnés

Jésus rendit visite à Marie et à Marthe

« Comme Jésus était en chemin avec ses disciples, il entra dans un village, et une femme, nommée Marthe, LE REÇUT DANS SA MAISON. »

Luc 10 : 38

Jésus effectua toutes sortes de visites. Il rendit visite à deux femmes et leur prodigua des conseils sur leur vie privée. Il dit à Martha qu'elle passait trop de temps dans la cuisine. En d'autres termes, il lui conseillait de devenir plus spirituelle.

Quand on est chez quelqu'un, on ne peut pas faire des commentaires sur tout. Vous ne pouvez parler que si vous avez une relation adéquate avec la personne. Sinon, fermez la bouche et passez à autre chose ! Vous risquez d'avoir des problèmes si vous parlez de choses qui ne vous concernent en rien.

« ...L'insensé met en dehors toute sa passion... »

Proverbes 29 : 11

5. Une visite d'interaction générale et au cours de laquelle on fait des reproches.

Jésus rendit visite à un Pharisien

« Pendant que Jésus parlait, un pharisien le pria de dîner chez lui. IL ENTRA, ET SE MIT À TABLE. »

Luc 11 : 37

Le Seigneur rendit visite à toutes sortes de personnes. Par conséquent, vous devez aussi visiter toutes sortes de personnes. Quand il rendit visite à ce Pharisien, il lui fit beaucoup de reproches. Jésus ne se laissa pas intimider par le dîner qu'on lui avait servi, et vous ne devriez pas non plus.

« Le pharisien vit avec étonnement qu'il ne s'était pas lavé avant le repas. Mais le Seigneur lui dit : vous, pharisiens, vous nettoyez le dehors de la coupe et du plat, ET À L'INTÉRIEUR VOUS ÊTES PLEINS DE RAPINE ET DE MÉCHANCETÉ. INSENSÉS ! »

Luc 11 : 38-40

Au cours de cette visite, Jésus fit l'une des réprimandes les plus fortes qu'il ait jamais adressée aux hypocrites. Il traita ses hôtes d'insensés.

Chapitre 34

Cinq visites qui permettent de recruter des membres d'église

Les visites pauliniennes

1. **Une visite qui conduit au baptême du Saint-Esprit**

Paul rendit visite aux Chrétiens d'Éphèse

> « Pendant qu'Apollos était à Corinthe, Paul, après avoir parcouru les hautes provinces de l'Asie, ARRIVA À ÉPHÈSE. AYANT RENCONTRÉ QUELQUES DISCIPLES,...Lorsque Paul leur eut imposé les mains, le Saint-Esprit vint sur eux, et ils parlaient en langues et prophétisaient. »
>
> Actes 19 : 1,6

N'hésitez pas à prier pour que les gens reçoivent le baptême du Saint-Esprit quand vous leur rendez visite. **Un ministre en visite est un service d'église ambulant.** De bonnes choses peuvent arriver quand on est oint par l'Esprit.

Je me souviens avoir prié pour le baptême du Saint-Esprit au domicile d'une personne. Cette dernière était si contente. Elle continua à parler en langue pendant plus d'une heure. Si j'avais attendu qu'elle vienne à l'église, elle n'aurait peut-être jamais reçu la puissance du Saint-Esprit.

2. **Une visite destinée à établir une relation**

Paul visita l'église de Tyr

> « ...NOUS ABORDÂMES À TYR, où le bâtiment devait décharger sa cargaison. Nous trouvâmes les disciples, et nous restâmes là sept jours...Mais, lorsque nous fûmes AU TERME DES SEPT JOURS, nous nous acheminâmes pour partir... »
>
> Actes 21 : 3-5

Une visite est parfois nécessaire pour établir une relation. Il est important pour un pasteur d'établir une relation avec tous les membres de son église ou certains d'entre eux. Les visites constituent l'un des moyens les plus efficaces d'établir une relation. Paul ne passa un certain nombre de jours à certains endroits que dans le but d'établir une relation.

3. Une visite destinée à recruter des pasteurs

Paul se rendit à Derbe et à Lystre

« IL SE RENDIT ENSUITE À DERBE ET À LYSTRE. Et voici, il y avait là un disciple nommé Timothée, fils d'une femme... Paul voulut l'emmener avec lui... »

Actes 16 : 1,3

Des choses étonnantes peuvent arriver au cours d'une visite. C'est au cours d'une visite que Paul décela un pasteur potentiel. Qui était-ce ? Il s'agissait de Timothée. Si Paul ne s'était pas rendu à Derbe et Lystra, certaines personnes n'auraient pas eu de pasteur et le livre de Timothée n'aurait jamais été écrit.

Je me souviens avoir rendu visite, il y a des années de cela, à une famille qui vivait à deux heures de l'église. En m'y rendant, je n'avais aucune idée de ce que cette visite allait donner. Aujourd'hui, l'une des personnes qui devint membre de l'église suite à cette visite est pasteur d'une de mes églises. J'ai moi aussi recruté un « Timothée » au cours d'une visite. Je vous vois recruter des pasteurs au cours de vos visites !

4. Une visite destinée à fortifier les membres de l'église

Paul se rendit en Galatie et en Phyrgie

« Lorsqu'il eut passé quelque temps à Antioche, Paul se mit en route, et PARCOURUT SUCCESSIVEMENT LA GALATIE ET LA PHRYGIE, fortifiant tous les disciples. »

Actes 18 : 23

Rendons grâce à Dieu pour la vie de l'apôtre Paul. Voyez-vous combien de lieux et d'endroits il visitait ? S'il n'avait pas fait son travail, que serait-il devenu de l'église ? Chaque fois que vous effectuez une visite, vous fortifiez les brebis. Jésus vous sourit avec amour pendant que vous fortifiez ses petites brebis.

5. Une visite destinée à exhorter l'église

Paul se rendit en Macédoine et en Grèce

« ...Paul réunit les disciples, et, après les avoir exhortés, prit congé d'eux, et partit pour aller en Macédoine. Il parcourut cette contrée, en adressant aux disciples de NOMBREUSES EXHORTATIONS. Puis il se rendit en GRÈCE, où il séjourna trois mois... »

Actes 20 : 1-3

Paul, exemple classique du berger, visita la Macédoine et la Grèce. Il est parfois possible de visiter tous les habitants d'une maison. Vous n'êtes pas obligé de ne visiter qu'une personne. Vous remarquerez que de nombreuses exhortations furent adressées au cours de cette visite.

N'oubliez pas de partager la Parole chaque fois que rendez visite aux gens. La Parole est puissante ! Elle change des vies ! Elle diffère de la philosophie et des idées apparemment remplies de sagesse. Servez-vous de la Parole même pendant vos visites ! Suivez l'exemple de Paul et soyez quelqu'un qui exhorte les autres même au cours de ses visites.

Partie IV

L'ENSEIGNEMENT

Quinze clefs qui permettent d'être un bon enseignant de la Parole

« Je vous donnerai des bergers selon mon coeur , et ils vous paîtront avec intelligence et avec sagesse. »

Jérémie 3 : 15

1. Soyez constamment prêt

Vous pouvez être appellé à prêcher à n'importe quel moment. Si vous êtes conscient de cette réalité, vous serez toujours bien accordé.

2. Ayez un temps de méditation quotidien

La plupart de mes messages résultent de mes temps de méditation quotidiens. Si vous êtes un ministre et que vous n'avez pas de temps de méditation personnel tous les jours, vos fondations sont fragiles.

3. Lisez des livres tout le temps

Vous devez toujours avoir un livre que vous êtes en train de lire. J'ai toujours un livre que je suis en train de lire. Très souvent, ceux-ci n'ont aucun rapport avec mes prédications. Cela me met dans un état de préparation constant.

4. Écoutez des messages tout le temps

J'ai toujours une série de messages que je suis en train d'écouter. C'est ce que j'entends par un état de préparation constant. Parfois, les gens se demandent comment j'arrive à m'acquitter de plusieurs tâches de prédication à la fois. Cela est possible parce que j'y suis constamment préparé.

5. Basez tous vos sermons sur les Écritures

Suivez le courant de pensée général relatif à l'Évangile. La Bible doit être votre principal manuel. Qu'elle soit le rocher sur lequel vous fondez votre ministère. Ne remplacez pas l'or de la Parole par l'airain des enseignements séculiers.

6. Fixez un objectif clair pour chacun de vos messages

Quel est votre objectif ? Souhaitez-vous sauver ou guérir les gens ? Avoir un objectif clair vous orientera dans ce que vous direz.

7. Donnez un titre approprié à vos messages

Il existe trois principaux types de titres : les titres d'*évangélisation*, les titres d'*exhortation* et les titres d'*enseignement*.

Les titres d'évangélisation sont spectaculaires. Ils ont pour but de secouer la congrégation. Ils amènent parfois la crainte dans le coeur des pécheurs. En voici quelques exemples :

« Pluie, pluie, vas-t-en. »

« Vous avez le droit d'avoir une opinion »

« Silence dans le ciel »

« Jour du jugement 1, 2 et 3 »

« Ils sont allés en enfer »

Les titres d'exhortation sont courts et accrocheurs. Ils visent à encourager la congrégation. En voici quelques exemples :

« Ma fille, tu peux y arriver »

« Ma fille, tu as un regard tendre »

« Femme, tu es libérée »

« Puis-je me laver les mains ? »

Les titres des enseignements communiquent un message clair. En règle générale, ils indiquent un certain nombre d'étapes, de principes et de clefs. ***Tout message d'exhortation peut être transformé en message d'enseignement quand on lui donne le***

titre approprié. Plusieurs sermons d'enseignement peuvent être tirés d'un seul message d'exhortation. Faisons un petit exercice qui consiste à transformer un message d'exhortation (Femme, tu es libérée), en message d'enseignement.

« Trois *étapes* qui permettent de devenir une femme libérée »

« Sept *principes* qui permettent de devenir une femme libérée »

« Quatre *raisons* pour lesquelles vous devez devenir une femme libérée »

« Dix *avantages* liées au fait d'être une femme libérée »

« Les six *règles* de la femme libérée »

« Six *manières* de devenir une femme libérée »

« Cinq *erreurs* commises par une femme libérée »

« Dix *choses* que tout chrétien doit savoir sur la femme libérée »

« Que signifie être une femme libérée »

« Vingt-cinq *clefs* qui permettent de devenir une femme libérée »

« Les quatre *étapes* de la vie d'une femme libérée »

« Dix-huit *méthodes* qui permettent de devenir une femme libérée »

« Douze *secrets* de la femme libérée »

« Onze *stratégies* de la femme libérée »

« Comment devenir une femme libérée »

« Sept *signes* qui indiquent qu'une femme est libérée»

« Quatre *symptômes* qui indiquent qu'une femme a besoin d'être libérée »

Vous pouvez en faire une formule qui vous aidera à produire des messages d'enseignement plus structurés. Pour commencer, il faut fixer le nombre de points que l'on souhaite développer. Puis, il faut choisir le terme adéquat (principes, règles, clefs ou secrets par exemple) qui les accompagneront. Vous remarquerez que votre ministère d'enseignement prendra une nouvelle dimension si vous intitulez vos messages comme il convient.

8. Vos sermons doivent être structurés

Prêcher avec des points est un moyen facile de structurer vos messages. Votre message peut comporter trois, cinq, sept ou autant de points que vous le souhaitez. Faites en sorte que les gens puissent suivre le fil conducteur de votre message. Souvenez-vous de ceci : quand vous prêchez en une seule fois, trois points sont en général ce qu'il convient d'avoir. Le maximum de points que vous pouvez avoir pour un sermon prêché en une seule fois est sept. Si vous essayez d'enseigner 25 points au cours d'un seul sermon, vous aurez sans doute des difficultés.

9. Finissez vos sermons sur une note positive

10. Que vos sermons ne soient ni trop longs, ni trop courts

11. Ne prêchez jamais sans fenêtres (illustrations, histoires, paraboles, etc.)

Un message qui ne comporte ni illustrations, ni exemples personnels est comme un bâtiment sans fenêtre. Jésus n'enseignait jamais sans illustrations et fenêtres. L'histoire du fils prodigue, celle de l'homme qui fut attaqué sur le chemin de Jéricho et celle de Lazare et de l'homme riche sont des exemples parlants de ce style d'enseignement. Les enfants n'oublient jamais ces histoires, et les adultes non plus. Plus votre ministère d'enseignement sera grand, plus il ressemblera à celui de Jésus.

12. Invitez toujours les gens à recevoir le salut à l'autel

Dans le royaume de Dieu, l'objectif principal est d'amener des âmes à Christ. Nous ne rendons absolument pas service à l'Évangile quand nous manquons ou oublions d'inviter les gens à venir à Jésus.

13. Tenez-vous-en aux révélations

Prêchez sur des choses pour lesquelles Dieu vous a donné une révélation. Si vous vous contentez de prêcher un sermon donné par quelqu'un d'autre, sans avoir eu la moindre révélation par rapport à celui-ci, il n'aura pas le moindre impact. Vous risquez en fait d'avoir l'air stupide ! Évitez les choses complexes que vous ne comprenez pas. Il y a suffisamment de choses sur lesquelles il est possible de prêcher. N'allez pas vous embourber sur un terrain difficile !

14. Recherchez l'onction

Plus vous prêcherez, mieux vous saurez détecter la présence de l'onction sur vous. Vous saurez également quoi faire pour laisser couler l'onction pendant un sermon.

Les deux clefs ci-après permettent de prêcher avec l'onction :

i) Apprendre à chasser une atmosphère glaciale et à entrer dans l'onction en disant ouvertement quelques phrases en langue.

ii) S'en tenir aux choses qui vous ont été révélées permet également de libérer l'onction au cours de la prédication. Passez de la sécheresse à une prédication ointe en partageant des choses qui vous ont été personnellement révélées.

15. Recherchez les cinq signes qui indiquent la présence d'onction quand vous prêchez. Une prédication ointe se caractérise par cinq signes importants à savoir :

a. qu'elle est accompagnée d'autorité (Marc 1 : 22),

b. qu'elle change des vies (Actes 4 : 4),

c. qu'elle rassemble des foules (Marc 1 : 32),

d. qu'elle est directe et touche vivement les coeurs (Actes 2 : 37),

e. qu'elle est pertinente (Luc 13 : 4,5)

Chapitre 36

Quatre raisons pour lesquelles tout pasteur doit considérer la congrégation comme le jardin de Dieu

« **Car nous sommes ouvriers avec Dieu. VOUS ÊTES LE CHAMP [LE JARDIN, LA PLANTATION, LA TERRE], DE DIEU, l'édifice de Dieu.** »

1 Corinthiens 3 : 9

Tout pasteur doit considérer la congrégation comme le jardin, le champ ou la plantation de Dieu. Quand vous considérez la congrégation comme le champ de Dieu, cela vous permet de comprendre à quoi sert le ministère de la prédication et de l'enseignement. Quand vous prêchez, vous ensemencez le champ de Dieu. Le genre de semence que vous plantez déterminera le genre de moisson que vous récolterez.

1. Tout pasteur doit se considérer comme un planteur qui plante des semences chaque fois qu'il prêche.

Quand vous aurez compris cette révélation, vous comprendrez que le type de congrégation que l'on obtient n'est pas un mystère. Si vous avez une congrégation de gagneurs d'âmes, c'est votre récolte. Tout planteur récolte ce qu'il a semé. Si vous plantez du maïs, vous récolterez du maïs. Si vous plantez des ananas, vous récolterez des ananas.

Le pasteur est celui qui plante. La congrégation est un jardin. Chaque fois qu'un pasteur prêche, il plante un certain type de semence. **Il obtiendra une récolte correspondant au type de semence qu'il a planté.**

Il n'est pas surprenant que certaines églises soient remplies de personnes prospères qui réussissent dans la vie. Cela résulte du fait que leur pasteur donne régulièrement des enseignements sur la prospérité et le succès. Certaines églises sont remplies de personnes s'intéressant à l'oeuvre missionnaire. Cela s'explique par le fait que le pasteur prêche constamment sur l'oeuvre missionnaire.

Dans certaines églises, les prédications sont axées sur les miracles. Il n'est pas surprenant que des miracles s'y produisent. Certains pasteurs enseignent la croissance de l'église et l'expérimentent.

Cher pasteur, est-il surprenant qu'un agriculteur récolte des tomates ? Certainement pas ! Pour cela, il faut qu'il ait planté des tomates ! Que plantez-vous dans le jardin de Dieu ? Prêchez-vous la pauvreté, la crainte et l'échec ? Ou prêchez-vous la victoire, la prospérité et la foi ?

2. La Parole produit aussi des moissons à court terme

Qu'est-ce que j'entends par moisson à court terme ? Au cours de chaque service, tout ce que vous prêchez constitue une semence pour une moisson à court terme. Si vous prêchez un sermon qui engendre le doute et la peur, vous ne moissonerez pas de miracles. Si vous prêchez le salut, les gens seront sauvés.

Je vis la moisson

Je me souviens d'une croisade au cours de laquelle j'ai prêché. Alors que j'étais en train de donner un enseignement sur le salut, le calme se fit parmi les auditeurs. Les gens écoutèrent attentivement le message du salut. À un moment, je me mis à parler de guérison. Je dis à la foule que Dieu allait la guérir. La réaction de la congrégation fut presque instantanée ! Des infirmes sortirent de leurs chaises roulantes et des malades commencèrent à être guéris alors que je parlais de guérison. À ce moment-là, j'étais en train de récolter des fruits à court terme. J'avais parlé de miracles et j'étais en train de récolter des miracles.

Avant, je pensais que si Dieu était Dieu, il devait agir de la même manière après chaque sermon. Toutefois, en grandissant dans le ministère, j'ai compris qu'il n'en était rien. J'ai réalisé pour la première fois que nous sommes le jardin de Dieu. Si je veux avoir un culte de miracles, je dois donner un enseignement sur les miracles et la guérison. Je sais que les congrégations qui m'écoutent sont le champ de Dieu.

Si vous n'êtes pas surpris que l'agriculteur du coin récolte du blé, ne soyez pas surpris que Benny Hinn récolte des miracles dans son ministère. Il prêche constamment sur les miracles. Il le fait dans le seul but de récolter la guérison dans le jardin de Dieu.

3. La Parole produit aussi des moissons à long terme

Sans savoir ce que je faisais, j'ai semé certaines semences dans le jardin de Dieu. J'ai donné des enseignements sur la loyauté et j'ai récolté des personnes loyales dans le jardin ! J'ai fait des prédications sur le ministère et l'oeuvre missionnaire. Au fil des années, Dieu m'a béni en me donnant un grand nombre d'ouvriers et de missionnaires.

4. Vous devez croire au principe du jardin de Dieu

Ce principe vous amènera à prêcher ce qu'il convient de prêcher. Ne soyez pas pressé d'obtenir une récolte. Il s'écoule toujours un certain temps entre le moment de la semence et celui de la récolte. À partir d'aujourd'hui, choisissez soigneusement ce dont vous parlerez dans votre église. Prêchez au sujet de ce que vous voulez et non de ce que vous avez ! Au fil des années, vous vous rendrez compte que votre congrégation est le produit de vos enseignements.

Chapitre 37

Sept raisons pour lesquelles
un pasteur doit enseigner par séries

Certains pasteurs prêchent un nouveau sermon chaque dimanche. Chaque semaine, ils ont une nouvelle exhortation pleine d'espérance. Cela est louable. Toutefois, les brebis ne peuvent pas vivre que de messages inspirés ! Elles ont besoin d'un enseignement régulier, soutenu et équilibré. Si votre église est appellée à grandir, certaines personnes y resteront pendant des années. Vous devez leur offrir quelque chose de régulier. C'est la raison pour laquelle je suis convaincu qu'il faut enseigner par séries. Bien entendu, il est parfois nécessaire de prêcher des messages inspirés qui ne sont pas en séries. Voici sept raisons pour lesquelles vous devez apprendre à enseigner par séries.

• C'est la meilleure manière de subvenir aux besoins d'une congrégation comprenant des membres réguliers. Étant donné que ce sont les mêmes personnes qui vous écouteront chaque semaine, vous devez avoir un message approprié.

• Il est plus facile pour le pasteur de prêcher par séries que de prêcher un message différent chaque semaine. Cela s'explique par le fait qu'une série de messages est en réalité un seul message qui a été réparti en petits sermons. Il faut beaucoup de temps pour préparer un long sermon, et celui-ci peut être prêché à la brebis par étapes.

• Prêcher par séries rend les membres impatients d'entendre la suite la semaine suivante. Cela les met dans l'expectative.

• Prêcher par séries pousse les membres à revenir semaine après semaine parce qu'ils ont envie d'entendre la fin de la série. Cela permet d'accroître le nombre de personnes venant à l'église.

- Prêcher par series est le seul moyen de couvrir des sujets longs mais importants qui doivent être enseignés dans l'église. Par exemple, il n'est pas possible de couvrir tout ce qui doit être enseigné sur le mariage en quarante-cinq minutes.

- Prêcher par séries permet au pasteur de ramener la durée des services à une durée raisonnable. Le pasteur n'est pas stressé parce qu'il veut tout dire en une semaine. Il sait qu'il pourra compléter son message la semaine suivante.

- Prêcher par séries permet d'établir un lien entre le pasteur et sa congrégation. Ils comptent sur lui pour recevoir un repas régulier. On s'attache toujours aux personnes qui nous nourrissent d'une manière régulière !

Quatre clefs qui vous permettront d'améliorer votre ministère d'enseignement

Votre ministère d'enseignement a peut-être besoin d'un coup de fouet. Vous pouvez allez plus loin. Permettez-moi de partager avec vous quatre clefs qui vous permettront de passer à l'étape supérieure.

1. *Prêchez sans notes.* Les gens sont davantage impressionnés quand ils vous voient prêcher de façon improvisée que quand ils vous voient lire des notes. Même si vous avez des notes (comme moi), ne donnez pas l'impression de ne pas pouvoir faire la moindre phrase sans elles.

2. *Entraînez-vous à prêcher sans notes en mémorisant trois points clefs, trois passages clefs et trois « fenêtres » clefs.* Les fenêtres sont des exemples, des illustrations et des histoires tirées de la vie. Quand vous prêchez de façon improvisée, il est plus facile de retenir trois principaux points que d'en retenir dix. Ces trois points se rattacheront naturellement à trois passages des Écritures et à trois « fenêtres ».

3. *Absorbez constamment des messages d'enseignement* n'ayant aucun rapport avec les sermons que vous prêchez le dimanche. Préparez-vous pour vos prédications une année à l'avance.

4. *Enseignez régulièrement.* Vous devez avoir l'occasion de prêcher la Parole une fois par semaine. Quant une personne prêche régulièrement, elle s'améliore forcément. Si vous ne prêchez qu'une fois de temps en temps, votre ministère de prédication se maintiendra à un faible niveau.

Chapitre 39

Sept raisons pour lesquelles écouter des messages transformera votre ministère de prédication

« Ainsi la foi vient de CE QU'ON ENTEND, ET CE QU'ON ENTEND vient de la parole de Christ. »

Romains 10 : 17

1. Écouter des messages vous permettra de connaître la Parole de Dieu

Tout ministre doit connaître la Parole de Dieu en profondeur. Écouter des messages est un moyen facile de mémoriser la Parole de Dieu. Ce faisant, on entend le prédicateur citer des passages des Écritures, et cela nous aide à nous souvenir de la Parole.

2. Écouter des messages vous permettra de vous imprégner de la voix de Dieu

Quand vous écoutez des messages, vous recevez des orientations pour votre ministère. Un message en comporte toujours plusieurs autres. En tant que pasteur, vous entendrez Dieu vous parler de différentes choses en rapport avec votre ministère.

3. Écouter des messages vous permettra de rester dans la présence de Dieu

La prédication de la Parole de Dieu crée une atmosphère ointe. Tout pasteur doit s'efforcer de rester dans cette atmosphère parce qu'il peut être appelé à prêcher à tout moment.

> « Prêche la parole, insiste en toute occasion, favorable
> ou non, reprends, censure, exhorte, avec toute douceur
> et en instruisant. »
>
> **2 Timothée 4 : 2**

4. Écouter des messages vous permettra d'acquerir l'onction

Pierre était en train de prêcher lorsque l'Esprit descendit sur la congrégation (Actes 10 : 44). À coup sûr, quand la parole de Dieu est prêchée, l'onction descend. Plus vous écoutez des messages, plus vous êtes oint (voir mon livre intitulé « Recevoir l'onction ».)

5. Écouter des messages vous permettra de développer un style de prédication unique

Écouter des messages vous permettra de développer un style de prédication unique. Il est important d'avoir votre propre style de prédication, car cela attirera les personnes vers qui Dieu vous envoie. Comme on dit, « Des goûts et des couleurs, on ne discute pas. » Ce n'est pas tout le monde qui sera attiré par votre ministère. Mais il ne fait aucun doute que Dieu vous a élevé pour un certain type de personnes.

6. Écouter des messages vous permettra d'obtenir les informations à caractère général dont un ministre a besoin

L'Écoute de messages présente beaucoup d'avantages. Chaque fois que vous écoutez une cassette, vous obtenez des informations utiles. Il est plus agréable d'écouter un prédicateur qui a des connaissances dans beaucoup de domaines de la vie. Avoir des connaissances en histoire, en politique, en science, en médecine, en droit, en géographie, en littérature et en économie par exemple améliore sensiblement la prédication.

7. Écouter des messages vous formera de manière non intentionnelle et constante pour le ministère

La formation d'un ministre tourne autour de la Parole de Dieu. Chaque fois que vous vous imprégnez de la Parole, vous recevez des conseils. Recevoir des conseils sans n'avoir rien demandé est une telle bénédiction.

Chapitre 40

Comment établir une doctrine
au sein de l'église ?

Quand le semeur alla semer, seule une semence sur quatre porta du fruit dans une bonne terre. La Bible nous enseigne que cette semence était la Parole de Dieu (Marc 4 : 14). Si un quart seulement de la congrégation réagit comme il convient à un message, cela signifie que ce message doit être prêché plusieurs fois avant d'être établi.

Quand un sujet n'est prêché que de façon occasionnelle dans une église, il ne peut pas devenir une doctrine pour la congrégation. Il est important que certaines doctrines soient établies au sein de la congrégation, afin que l'église puisse être perfectionnée. Il ne peut y avoir de perfection sans établissement de principes et de doctrines.

> **« C'est pourquoi, laissant les éléments de la parole de Christ, tendons à ce qui est parfait... »**
>
> **Hébreux 6 : 1**

Si votre congrégation a encore du mal à comprendre le concept du leadership au sein de l'église, c'est que vous avez un problème. Si votre congrégation a encore du mal à comprendre le concept de la dîme, vos revenus seront insuffisants. Cher ami, comment pouvez-vous passer à des choses plus grandes quand les doctrines fondamentales ne sont pas établies ?

J'aimerais vous faire part de six étapes qui vous permettront d'établir une doctrine au sein de votre église. Ces étapes sont basées sur un passage des Écritures simple.

> **« ...pour que TOUTE AFFAIRE [DOCTRINE] SOIT DÉCIDÉE sur la parole de deux ou trois témoins »**
>
> **Matthieu 18 : 16 (TOB)**

Quand deux prédicateurs ou plus disent la même chose, cela permet d'établir une doctrine. Quand dans une église tous les ministres disent la même chose, celle-ci est bénie ! La Parole de Dieu sera puissante si elle est enseignée encore et encore.

Six étapes qui permettront d'établir une doctrine dans votre église

1. **Donnez une série d'enseignements sur le sujet en question**

2. **Donnez une autre série d'enseignements sur un sujet connexe**

   Si par exemple vous faites un enseignement sur la prière, vous pouvez aussi en faire un sur le jeûne.

3. **Enseignez le même sujet une seconde fois**

4. **Par la suite, demandez à vos assistants de donner des enseignements sur le même sujet**

5. **En outre, donnez pour instruction à vos leaders et bergers d'enseigner la même chose à une autre occasion**

6. **Demandez à des ministres en visite de donner des enseignements à votre congrégation sur le même sujet**

   Quand le pasteur principal, ses assistants, d'autres leaders et même des ministres en visite enseignent une doctrine, celle-ci ne peut qu'être établie.

   On m'invite parfois à donner des enseignements sur la loyauté, mais je sais qu'un seul sermon ne permettra pas de changer une culture de déloyauté en culture de loyauté. Ce message doit être prêché jusqu'à ce qu'il soit établi. **Deux messages ou plus permettront d'établir une doctrine !** Certaines choses doivent être constamment prêchées pendant plus d'une année avant d'être établies.

Chapitre 41

Neuf raisons pour lesquelles les pasteurs doivent prêcher la Parole de Dieu

1. **Si vous prêchez la Parole de Dieu, les membres de votre église recevront des orientations pour leurs vies.**

    « **Toute Écriture est inspirée de Dieu, et utile pour enseigner, pour convaincre, pour corriger, pour instruire dans la justice, afin que l'homme de Dieu soit accompli et propre à toute bonne oeuvre.** »

    2 Timothée 3 : 16-17

La Bible contient la Parole écrite de Dieu. Elle est une source d'orientation fiable pour nous tous. La Parole de Dieu sert à nous orienter dans la vie. Tout ce que nous faisons doit être conforme à la Parole de Dieu. D'une manière très générale, la Parole de Dieu constitue le guide parfait pour nos vies.

La Bible est un ouvrage unique qui contient des instructions concernant toutes les questions possibles et imaginables. Beaucoup pensent que la Bible n'est pas un livre pratique et pertinent pour notre époque.

Un jour une dame m'a dit qu'elle pensait avoir le droit de forniquer parce que la Bible était démodée. Trois années plus tard, quand son petit ami avec lequel elle sortait depuis des années la laissa tomber, elle se rendit soudain compte que la Bible n'était pas si archaïque que ça.

Les Écritures sont utiles, bénéfiques, pertinentes et pratiques pour le chrétien d'aujourd'hui ! Beaucoup de chrétiens ne veulent pas ouvrir la Bible. Tout ce qu'ils veulent, c'est une prophétie ou une parole de connaissance.

2. Quand vous prêchez la Parole, la congrégation reçoit de la lumière là où il y a des ténèbres.

« Ta parole est une lampe à mes pieds, et une lumière sur mon sentier. »

Psaume 119 : 105

Il y a tellement de ténèbres dans le monde. Souvent, nous ne savons pas quoi faire, mais Dieu a fourni de la lumière aux chrétiens. Quelle est cette lumière ?

Ta parole est une lampe à mes pieds, et une lumière sur mon sentier. La parole de Dieu est une lampe et une lumière pour nous. C'est seulement quand on allume la lumière qu'on sait où aller. C'est quand la lumière est allumée qu'on peut éviter de trébucher sur les meubles. Jésus-Christ se qualifia de lumière du monde.

« ...je suis la lumière du monde ; celui qui me suit ne marchera pas dans les ténèbres, mais il aura LA LUMIÈRE DE LA VIE. »

Jean 8 : 12

Dans la vie, on a besoin de lumière ! Jésus (la Parole) est la lumière de votre vie. Ceux qui ont essayé de vivre leur vie sans Christ et sans la Parole ont découvert qu'il est douloureux de trébucher dans le noir.

Un jour un jeune homme m'approcha et m'informa qu'il avait de graves problèmes dans son mariage. Il souhaitait recevoir mon aide. Il voulait savoir que faire pour mettre fin à ses problèmes conjugaux. En parlant avec lui, je me rendis compte que c'était de Parole dont il avait besoin.

Mais il me dit : « Allez-vous prier pour que je sois délivré ? »

Je lui demandai : « Pourquoi avez-vous besoin de délivrance ? »

Il répondit : « Oh, on a découvert que ma femme avait un esprit marin. »

Je lui ai demandé : « Qu'est-ce qu'un esprit marin ? »

Il répondit : « C'est quelque chose dont on dit que je dois être délivré. C'est pourquoi je veux que vous me délivriez. »

Je pensai : « Cet homme veut une formule rapide. Il ne veut pas la Parole. Il ignore qu'il n'y a rien de plus libérateur que la Parole de Dieu. »

« ...vous connaîtrez la vérité, et LA VÉRITÉ VOUS AFFRANCHIRA. »

Jean 8 : 32

Je poursuivis mon interrogatoire : « Êtes-vous né de nouveau ? »

« Oui. »

« Êtes-vous fidèle à votre épouse ? » demandai-je.

Il sourit et dit : « Hum...pas vraiment. »

« En fait », ajouta-t-il, « Je ne lui ai jamais été fidèle du tout ! »

Je conseillai à cet homme d'avoir un pasteur et de devenir membre d'une église. Je lui dis : « L'esprit marin dont vous m'avez parlé est le dernier de vos problèmes. Ce dont vous avez besoin, c'est de la Parole de Dieu, qui vous orientera dans la vie. Vous avez besoin de *la lumière de la vie*, autrement, vous continuerez à marcher à tâtons dans les ténèbres. »

Certaines personnes se demandent comment je sais ce que je prêche. Je me souviens m'être rendu à Johannesbourg pour une convention. Une délégation de Sud-Africains vint à ma rencontre. Quand ils me virent, l'un deux me demanda : « C'est vous l'Évêque ? »

Je répondis : « Oui. »

« Vraiment ? On s'attendait à voir quelqu'un de plus âgé ! On a écouté vos messages et lu vos livres. Pour une raison ou une autre, on vous croyait plus âgé. »

Quand vous avez la Parole de Dieu, vous devenez plus sage que les personnes de votre âge. Vous paraissez plus mûr que les gens de votre âge.

3. **Quand vous prêchez la Parole de Dieu, les membres de l'église deviennent sages.**

   « Tes commandements me rendent plus sage que mes ennemis... Je suis plus instruit que tous mes maîtres, car tes préceptes sont l'objet de ma méditation. »

   Psaume 119 : 98-99

Cher pasteur, vous voulez que les membres de votre église soient sages ? Vous voulez avoir des personnes stables et intelligentes dans votre congrégation ? En bien, prêchez la Parole de Dieu. La Parole de Dieu vous rendra sage dans la vie. La Parole de Dieu contient des conseils et des orientations pour les personnes qui font des affaires. La Parole de Dieu donne plus de recommandations aux hommes d'affaires que n'importe quel enseignement sur la gestion d'une entreprise.

La Bible fournit plus de connaissances pratiques et pertinentes en philosophie, en sciences politiques, en littérature et en histoire que n'importe quel autre ouvrage que je connaisse.

4. **Quand vous prêchez la Parole de Dieu, les membres de l'église savent quoi faire.**

J'ai l'habitude de sourire quand les gens disent que Dieu les appellés à faire telle ou telle chose. **Si vous êtes incapable d'obéir aux simples instructions de la Parole, pensez-vous que Dieu vous en donnera une plus grande ?** Celui qui est fidèle dans peu de choses le sera dans beaucoup.

Si vous n'obéissez pas à la Parole de Dieu qui vous demande de payer vos dîmes et offrandes, pensez-vous que Dieu vous parlera d'autre chose ?

   « On t'a fait connaître, ô homme, ce qui est bien ; et ce que l'Éternel demande de toi... »

   Michée 6 : 8

Dieu communique sa Parole à travers des pasteurs et des bergers. C'est la raison pour laquelle il est important d'avoir une bonne église et un pasteur qui enseigne la Parole de Dieu.

5. Quand vous prêchez la Parole de Dieu, les chrétiens savent et comprennent ce qui se passe dans leurs vies.

Dans les derniers jours, Dieu nous donnera des pasteurs qui nous paîtront avec intelligence et sagesse. Recevez la connaissance et la sagesse que Dieu vous donne à travers vos pasteurs maintenant même !

> **« Je vous donnerai des bergers selon mon coeur, et ils vous paîtront avec intelligence et avec sagesse. »**
>
> **Jérémie 3 : 15**

En plus de la sagesse et de la connaissance, Dieu utilisera un homme de Dieu pour donner des instructions aux chrétiens. Ces instructions nous aident à devenir de meilleures personnes dans la vie. Parfois, votre pasteur vous ordonnera de jeûner et prier. Il est important de suivre ces instructions. La Bible enseigne que nous devons obéir aux autorités spirituelles qui sont au-dessus de nous.

> **« Obéissez à vos conducteurs et ayez pour eux de la déférence, car ils veillent sur vos âmes... »**
>
> **Hébreux 13 : 17**

Les membres de l'église doivent écouter la voix de leurs bergers. Dieu a remis le destin des brebis entre les mains du berger. Dieu vous bénira et vous conduira à travers la voix de votre berger. Jésus est le bon berger global, et il a demandé à Pierre de prendre soin des brebis. Cela signifie qu'il a délégué la prise en charge des brebis à des sous-bergers. Chers pasteurs, nous avons une immense responsabilité, et nous ne pouvons l'assumer qu'en *gardant* la Parole.

> **« Lorsqu'il a fait sortir toutes ses propres brebis, il marche devant elles; et les brebis le suivent, parce qu'elles connaissent sa voix. »**
>
> **Jean 10 : 4**

6. Quand vous prêchez la Parole de Dieu, le péché est expié de la congrégation.

Vous voulez avoir une congrégation remplie de pécheurs ? Vous voulez avoir une congrégation de personnes immorales, de prostituées, de dealers de drogue, de menteurs, de voleurs et de meurtriers ? J'espère que non !

Cela peut vous sembler étrange, mais il m'est arrivé de voir des congrégations de ce type. Quand vous prêchez la Parole de Dieu, vous allumez un feu qui brûle le péché.

« ...je veux QUE MA PAROLE DANS TA BOUCHE SOIT DU FEU, et ce peuple du bois, et que CE FEU LES CONSUME. »

Jérémie 5 : 14

« Ma parole n'est-elle pas comme un FEU... ? »

Jérémie 23 : 29

7. Quand vous prêchez la Parole de Dieu, cela ramène les personnes entêtées à la raison

« Ma parole n'est-elle pas...comme un MARTEAU qui brise le roc ? »

Jérémie 23 : 29

Il y aura toujours des personnes entêtées qui auront besoin d'aller à l'école des coups durs. Prêcher la Parole fait pénétrer le bon sens dans la tête des personnes entêtées.

8. Quand vous prêchez la Parole de Dieu, les gens sont sincèrement sauvés.

« Car je n'ai point honte de l'Évangile : c'est une puissance de Dieu pour le salut de quiconque croit... »

Romains 1 : 16

Quand la Parole de Dieu n'est pas prêchée, les gens ne sont pas sincèrement sauvés. Ils peuvent être membres de l'église sans pour autant être sincèrement sauvés.

Le salut résulte de la prédication de la Parole de Dieu. Les enseignements séculiers sur la réussite n'ont pas le pouvoir de sauver !

9. **Quand vous prêchez la Parole de Dieu, vous vous attaquez aux pensées les plus intimes des membres de la congrégation.**

Certaines personnes n'expriment pas leurs pensées les plus intimes. On ne sait jamais ce qu'elles pensent. Elles sont souvent vagues et ne répondent pas directement aux questions. Seule la Parole de Dieu peut pénétreur leur coeur et les toucher !

> **« Car la parole de Dieu est vivante et efficace, plus tranchante qu'une épée quelconque à deux tranchants, pénétrante jusqu'à partager âme et esprit, jointures et moelles ; ELLE JUGE LES SENTIMENTS ET LES PENSÉES DU COEUR. »**
>
> **Hébreux 4 : 12**

Chapitre 42

Sept raisons pour lesquelles vous devez enseigner vos leaders

J e suis convaincu que tout pasteur doit avoir des réunions spéciales avec ses leaders. L'enseignement des leaders constitue l'une des activités les plus productives qu'un pasteur puisse mener. *Quand vous enseignez les leaders, vous engendrez des fils et des filles dans le ministère.* Vous rendez-vous compte que deux des épîtres du Nouveau Testament ont été envoyées à un leader ? La première et la deuxième épître de Timothée sont des livres qui ont été écrits à l'intention d'un pasteur. Ces enseignements n'étaient pas destinés à l'ensemble de l'église. Ces enseignements de Paul étaient destinés à son pasteur junior, Timothée.

Pasteurs et leaders doivent être enseignés. Ils doivent être *séparés* du reste de la congrégation pour recevoir des enseignements particuliers. Je le fais constamment, et cela m'a permis d'engendrer des fils et des filles dans le ministère. Cela m'a permis d'élever des pasteurs et des bergers à travers le monde. Si vous n'organisez pas régulièrement des réunions spéciales avec vos leaders, votre église n'aura pas le genre d'ouvriers qu'il convient. Quand les leaders ne reçoivent pas de formation spéciale, cela retarde la croissance de l'église. Cher ami, trouvez ce qu'il convient d'enseigner et commencez vous-même à former vos leaders. C'est peut-être la clef dont votre église a besoin.

« TOI DONC, MON ENFANT, fortifie-toi dans la grâce qui est en Jésus Christ. Et ce que tu as entendu de moi en présence de beaucoup de témoins, confie-le à des hommes fidèles, qui soient capables de l'enseigner aussi à d'autres. »

2 Timothée 2 : 1-2

Sept raisons pour lesquelles vous devez enseigner à vos leaders

1. Quand vous prêchez à des leaders, c'est en réalité un plus grand nombre de personnes que vous prêchez. Vous prêchez aussi à leurs disciples.

2. Les pasteurs doivent connaître le principe de la croissance explosive. *Si vous voulez la CROISSANCE, enseignez vos membres. Mais si vous voulez une CROISSANCE EXPLOSIVE, enseignez à vos leaders !*

3. *Enseigner aux leaders permet d'asseoir votre autorité sur les leaders placés sous votre responsabilité.* Cela s'explique par le fait que l'autorité que vous avez sur les leaders se traduit par votre capacité à les enseigner.

4. Enseigner à des membres ordinaires constitue un investissement dans l'église d'aujourd'hui. *Enseigner aux leaders, c'est investir dans l'avenir.* Les leaders que vous enseignez iront de l'avant dans le futur quand vous ne serez plus. Le succès sans successeur est un échec !

5. *Tout pasteur doit enseigner aux leaders parce que Jésus-Christ enseignait constamment les leaders.* Les pasteurs doivent consacrer plus de temps à l'enseignement des leaders qu'à l'enseignement des membres ordinaires de l'église. C'est ce modèle que suivit Jésus-Christ.

6. *L'enseignement aux leaders est la plus grande clef pour votre expansion.* Vous n'aurez personne à qui déléguer des responsabilités si vous n'avez pas formé de leaders.

7. *Tout pasteur doit enseigner à ses leaders parce qu'ils ne sauront jamais quoi faire s'il ne le leur enseigne pas.* Beaucoup de pasteurs supposent que les leaders potentiels qui les entourent vont acquérir les connaissances essentielles par osmose. Les gens ont le sentiment que le leadership est réservé à des personnes particulières qui sont nées ainsi. L'osmose n'est pas la clef du leadership. L'enseignement l'est !

Chapitre 43

Pourquoi vous devez éviter la « Pseudo Parole » et les doctrines de démons

« Mais l'Esprit dit expressément que, dans les derniers temps, quelques uns abandonneront la foi, pour s'attacher à des esprits séducteurs et à des DOCTRINES DE DÉMONS... »

1 Timothée 4 : 1

Les doctrines de démons

Quand vous prêchez la Parole de Dieu, cela vous évite de commettre l'erreur de dévier vers des fausses doctrines ou des enseignements soit-disant basés sur la Parole. Les fausses doctrines qui le sont ouvertement sont faciles à repérer. On les voit venir de loin ! Les doctrines enseignées par des groupes tels que les Témoins de Jehovah et les Mormons sont des exemples bien connus de doctrines erronnées. La plupart des chrétiens n'ont aucun mal à les repérer. La plupart des pasteurs ne prêcheraient pas des erreurs aussi flagrantes.

La « pseudo Parole »

Le vrai danger se trouve dans ce que j'appelle des enseignements soit-disant fondés sur la Parole. Ces enseignements sont le fait d'esprits séducteurs. Ces esprits séduisent des ministres et les conduisent dans des endroits alléchants du ministère.

Les pasteurs sont souvent attirés vers des lieux de débat excitants. Beaucoup de causes sociales ont besoin d'un champion. **Beaucoup de questions politiques et morales ont besoin d'un porte-parole.** Tout pasteur doit se poser la question suivante : « Dieu m'a-t-il appelé à être le défenseur d'une cause sociale ? » **Suis-je censé délaisser les doctrines fondamentales de la Parole de Dieu pour aller vers ces « zones floues » ?** Je parle de « zone floue » parce qu'on ignore s'il s'agit de questions séculières ou spirituelles. Si votre appel consiste à rester dans ces « zones floues », Dieu vous y bénira. Autrement, cela signifie que vous avez été séduit et appâté par un démon intelligent. Tout pasteur doit faire attention à la doctrine qu'il enseigne.

> **« VEILLE SUR TOI-MÊME ET SUR TON ENSEIGNEMENT ; persévère dans ces choses, car, en agissant ainsi, tu te sauveras toi même, et tu sauveras ceux qui t'écoutent. »**
>
> **1 Timothée 4 : 16**

Les enseignements « soi-disant fondés sur la Parole » portent souvent sur des choses ou des causes louables. Qu'une chose soit bonne ne signifie pas qu'il s'agit de la Parole de Dieu.

Je vais vous citer quelques exemples de ces doctrines « soi-disant fondées sur la Parole ». *Les enseignements « soi-disant fondés sur la Parole » comprennent des choses telles que les formations séculières en matière de leadership, les enseignements séculiers en matière de sagesse, les discours politiques, les campagnes sociales portant sur des questions sociales ou morales. Des sujets tels que les questions du genre, de race et de couleur déchaînent les passions.* Ces choses ne sont pas mauvaises en soi. Le seul problème est qu'elles ne constituent pas les doctrines centrales de la Bible.

Je ne dis pas qu'il est mauvais de prêcher sur ces choses. Je suis sûr que Dieu a appelé certaines personnes à traiter ces questions. Vous devez cependant savoir qu'elles ne constituent pas les doctrines fondamentales de la Bible. Elles ne sont pas le thème central de la Parole de Dieu. Elles ne sont pas l'Évangile et n'ont pas la puissance de Dieu pour le salut ! (Romains 1 : 16).

Assurez-vous de ne pas dévier du thème central de la prédication de la Parole de Dieu. C'est l'Évangile qui a le pouvoir de sauver ! Les enseignements séculiers relatifs au succès n'ont pas le pouvoir de sauver des âmes.

Cher ami, si Dieu ne vous a pas appellé à traiter ces sujets et que vous mettez l'accent dessus, je suis désolé de dire que vous avez viré vers un ministère infructueux.

« Quelques-uns, s'étant DÉTOURNÉS de ces choses, se sont égarés dans de vains discours »

1 Timothée 1 : 6

En ce qui concerne le ciel, vous vous êtes peut-être égarés dans de vains discours (des bruits vains).

« ...détourneront l'oreille de la vérité, et SE TOURNERONT VERS LES FABLES. »

2 Timothée 4 : 4

Partie V

L'INTERACTION

Huit raisons pour lesquelles l'interaction est importante pour toutes les églises

L'interaction constitue un aspect important du ministère dans le cadre duquel le pasteur établit des contacts personnels et des liens importants avec la congrégation. Il engage des discussions informelles et établit des liens personnels avec toutes sortes de personnes. L'interaction est une clef « hors pupitre » qui doit être pleinement développée pour parvenir à la croissance de l'église.

Huit raisons pour lesquelles l'interaction est importante pour toutes les églises

1. L'interaction permet aux gens de rester à l'église

Cher pasteur, n'oubliez pas ceci : les gens peuvent devenir membres de l'èglise pour diverses raisons. Mais les gens restent à l'église à cause des personnes qu'ils connaissent et des amis qu'ils s'y font ! C'est ce que j'appelle *le ciment de l'église*. Si vous voulez que votre église grandisse, échangez avec les membres et encouragez-les à échanger les uns avec les autres !

2. L'interaction permet aux gens de se sentir importants

Toutes les âmes sont importantes ! En fait, chaque cheveu de la tête de chaque âme est important. Quand le Seigneur nous a dit que les cheveux de notre tête étaient comptés, Il entendait par là que nous sommes très importants pour Lui. Il est important que les gens se sentent importants. L'interaction personnelle est la clef qui permet cela.

> « Et même les cheveux de votre tête sont tous comptés... »
>
> Luc 12 : 7

3. L'interaction donne aux gens le sentiment de ne pas être qu'un numéro ou une statistique

Jésus a dit qu'il n'avait perdu aucune des brebis que le Père lui avait données. Tout le monde est important pour Dieu ! Pas une seule personne ne doit être perdue ! Personne n'est qu'un

simple numéro. Personne ne doit être traité comme une simple statistique. L'interaction est la clef qui permet de garantir cela.

4. L'interaction donne aux gens le sentiment de ne pas être des objets dont se sert le pasteur pour devenir célèbre

« Quand le peuple est nombreux, c'est la gloire d'un roi ; quand le peuple manque, c'est la ruine du prince. »

Proverbes 14 : 28

Les gens savent que là où il y a de grandes foules, le pasteur (roi) est honoré. Les gens ont parfois le sentiment qu'on se sert d'eux pour rendre le pasteur célèbre. L'interaction personelle permet d'éviter que les membres de l'église ne pensent ainsi.

5. L'interaction est importante parce que les contacts personnels permettent de corriger les fausses impressions !

La reine de de Séba se faisait une image erronnée de Salomon. Mais après l'avoir rencontré personnellement, elle changea d'avis. Elle était tellement impressionnée par le roi Salomon qu'elle dit : « Tu es mieux et plus grand que je ne le pensais. »

« ...elle dit au roi : c'était donc vrai ce que j'ai appris dans mon pays au sujet de ta position et de ta sagesse ! Je ne croyais pas ce qu'on en disait, avant d'être venue et d'avoir vu de mes yeux. Et voici, on ne m'a pas raconté la moitié de la grandeur de ta sagesse. »

« TU SURPASSES CE QUE LA RENOMMÉE M'A FAIT CONNAÎTRE. »

2 Chroniques 9 : 5-6

Beaucoup de personnes m'ont parlé de l'image négative qu'elles avaient de moi avant de me rencontrer personnellement. Certaines avaient peine à croire que j'étais si différent du portrait qu'on avait brossé de moi. L'interaction permet en effet de se débarrasser rapidement des fausses impressions !

6. L'interaction est importante parce que les contacts personnels permettent aux gens d'être plus engagés

Peut-être que vous avez essayé de rendre les gens plus engagés envers votre église en prêchant à votre pupitre. L'interaction personnelle est peut-être la clef qui fera d'eux des membres engagés.

L'entretien que Jésus eut avec Nathanaël sur la plage fit de ce dernier une personne engagée à vie. Voyez l'interaction que Jésus eut avec Nathanaël et comment cela fit de lui un disciple engagé.

> **« Jésus, voyant venir à lui Nathanaël, dit de lui : voici vraiment un Israélite, dans lequel il n'y a point de fraude. D'où me connais-tu ? lui dit Nathanaël. Jésus lui répondit : Avant que Philippe t'appelât, quand tu étais sous le figuier, je t'ai vu. Nathanaël répondit et lui dit : Rabbi, tu es le Fils de Dieu, tu es le roi d'Israël. »**
>
> **Jean 1 : 47-49**

7. L'interaction est importante parce que Jésus échangeait avec les gens

Jésus est le mieux placé pour montrer l'exemple. C'est en suivant son exemple qu'on peut le mieux apprendre des choses sur le ministère. Je veux faire ce que faisait Jésus. Je veux d'avantage lui ressembler.

> **« COMME IL PASSAIT LE LONG DE LA MER DE GALILÉE, IL VIT SIMON ET ANDRÉ, frère de Simon, qui jetaient un filet dans la mer ; car ils étaient pêcheurs. JÉSUS LEUR DIT : suivez-moi, et je vous ferai pêcheurs d'hommes. »**
>
> **Marc 1 : 16-17**

8. L'interaction permet aux gens de se sentir spéciaux

Tout le monde a envie d'être proche de quelqu'un qui lui permet de se sentir spécial. Personne ne souhaite être un simple numéro ou une simple statistique. Faites en sorte que les membres de votre église se sentent spéciaux et ils resteront collés à vous !

Chapitre 45

Comment interagir avec les gens ?

1. Prenez consciemment la décision d'interagir avec des personnes que vous ne connaissez pas.

Il n'est pas facile de parler à de parfaits étrangers. On est naturellement attiré par ce qu'on connaît. La peur de l'inconnu habite tous les hommes. Cela fait de nous des personnes réservées et exagérément prudentes. Mettez-y fin et laissez les fleuves de l'eau vive qui sont en vous bénir l'humanité.

2. Décidez de faire de la pêche en haute mer.

La pêche en haute mer consiste à aller au milieu d'une grande foule et échanger avec de parfaits étrangers. Vous pouvez y arriver ! Décidez de parler à cinq parfaits inconnus après chaque dimanche. Cela permettra la croissance de l'église pour laquelle vous priez.

3. Intéressez-vous sincèrement aux personnes qui viennent à l'église.

N'ayez pas l'air d'un responsable de l'église qui se contente de faire son boulot. Débarrassez-vous des faux sourires et décidez de vous intéresser sincèrement aux gens.

4. Ayez un visage amical et souriant.

« L'homme qui a des amis doit se montrer aimable... »

Proverbes 18 : 24
(Bible King James française, 2006)

Entraînez-vous à sourire devant votre miroir. Certaines personnes ont le visage naturellement sérieux. Ce sont elles qui ont le plus besoin de s'entraîner à sourire.

5. Faites mourir l'esprit d'hypocrisie en échangeant avec toutes sortes de personnes.

L'hypocrisie laisse un goût désagréable dans la bouche de tout le monde. Évitez-la à tout prix ! Ne demandez pas seulement le nom de personnes qui paraissent riches. Intéressez-vous sincèrement à des personnes qui semblent pauvres et incultes. Jésus échangeait avec toutes sortes de personnes. Il parlait à des collecteurs d'impôts, des pharisiens, des centeniers, des pêcheurs, des aveugles, des mères, des nobles et même des morts !

> **« Mes frères, que votre foi en notre glorieux Seigneur Jésus-Christ soit exempte de toute acception de personnes. Supposez, en effet, qu'il entre dans votre assemblée un homme avec un anneau d'or et un habit magnifique, et qu'il y entre aussi un pauvre misérablement vêtu ; si, tournant vos regards vers celui qui porte l'habit magnifique, vous lui dites : toi, assieds-toi ici à cette place d'honneur ! et si vous dites au pauvre : toi, tiens-toi là debout ! ou bien : assieds-toi au-dessous de mon marchepied ! ne faites-vous pas en vous-mêmes une distinction, et ne jugez-vous pas sous l'inspiration de pensées mauvaises ? »**
>
> **Jacques 2 : 1-4**

6. Posez les sept questions d'interaction de base.

❖ Demandez aux gens comment ils s'appellent

❖ Demandez-leur où ils habitent

❖ Demandez-leur où ils travaillent

❖ Demandez-leur où ils étudient

❖ Demandez-leur s'ils sont mariés ou sur le point de se marier

❖ Demandez-leur s'ils sont engagés envers l'église

❖ Demandez-leur s'ils veulent être vos amis.

Chapitre 46

Huit manières de faire en sorte que les gens se sentent spéciaux

1. Vous pouvez faire en sorte que les gens se sentent spéciaux en les appelant par leur nom.

Quand vous appellez une personne par son nom, elle se sent spéciale. Elle se dit : « Le pasteur me connaît. Je fais partie des quelques personnes dont il se rappelle le nom. Je dois faire partie du petit nombre de privilégiés. »

2. Vous pouvez faire en sorte que les gens se sentent spéciaux en leur souriant et en les regardant dans les yeux

Certains visages ne sourient pas. L'expression de certaines personnes est naturellement *sérieuse*. Cette expression peut être prise à tort pour de l'antipathie. Si vous faites partie de ceux qui ont une telle expression, je répète que vous devez vous entraîner à sourire devant votre miroir.

J'ai dû le faire moi-même ! Demandez à vos collègues de vous rappeller de sourire. J'ai demandé à mon épouse de m'aider à me montrer amical, et elle l'a fait !

3. Vous pouvez faire en sorte que les gens se sentent spéciaux en étant sincères et en n'exagérant pas avec eux.

Quand vous flattez les gens, ils ont tendance à ne pas vous prendre au sérieux. À un moment, les gens auront l'impression que vous vous moquez d'eux. Ils peuvent même vous maudire dans leur tête.

Quand vous direz des choses sincères, personne ne vous prendra au sérieux. Si vous voulez que les gens croient aux compliments que vous leur faites, vous devez apprendre à dire ce que vous pensez et penser ce que vous dites !

« Celui qui dit au méchant : tu es juste ! les peuples le maudissent... »

Proverbes 24 : 24

4. Vous pouvez faire en sorte que les gens se sentent spéciaux en recherchant leurs qualités.

Tout le monde a des qualités et des défauts. Si vous voulez établir une relation digne de ce nom avec une personne, vous devez vous concentrer sur les bonnes choses qu'il y a en elles. À mesure que vous avancerez, vous aurez peut-être l'occasion de traiter les vrais problèmes. Souvenez-vous toujours de ceci : si Dieu devait traiter tous vos défauts chaque jour ou chaque heure, vous renonceriez probablement ! C'est la raison pour laquelle Dieu nous change petit à petit au fil des mois et des années. Soyez comme Dieu et sachez reconnaître les points forts des gens. Le moment de s'attaquer aux manquements viendra.

« Je lui demande que ta participation à la foi soit efficace pour la cause de Christ, EN FAISANT RECONNAÎTRE EN NOUS TOUTE ESPÈCE DE BIEN. »

Philémon 1 : 6

Ce verset *ne dit pas* que notre foi devient efficace quand nous reconnaissons nos péchés ! Nos péchés sont devant nous tous les jours. La plupart des gens n'ont pas besoin qu'on leur rappelle leurs manquements. Ce verset nous apprend que notre foi devient efficace quand nous reconnaissons les bonnes choses, et non les mauvaises.

5. Vous pouvez faire en sorte que les gens se sentent spéciaux en leur faisant des compliments d'ordre général - cela leur permet de se sentir bien.

Dites des choses comme :

Cela me fait toujours plaisir de te voir.

Je remercie sans cesse Dieu pour ta vie.

Tu es une vraie bénédiction.

Les compliments d'ordre général permettent aux gens de se sentir heureux. Les gens ne savent pas pourquoi ils sont heureux jusqu'à ce qu'on leur fasse des compliments ! Ils sont tout simplement remplis de joie. Mais assurez-vous de ne pas exagérer ou flatter les gens. Soyez sincère et on vous prendra toujours au sérieux.

6. **Vous pouvez faire en sorte que les gens se sentent spéciaux en les complimentant sur des choses spécifiques - cela les pousse à reproduire les bonnes actions.**

Vous pouvez par exemple faire des compliments spécifiques tels que :

Je suis impressionné de vous voir venir si tôt à l'église.

Cela me réjouit de vous voir prier avec ferveur.

Tu es très bien habillé.

Quand vous complimentez les gens sur des choses spécifiques, cela leur fait tellement plaisir qu'inconsciemment, ***ils décident de refaire la même chose***

7. **Vous pouvez faire en sorte que les gens se sentent spéciaux en leur faisant des compliments devant les autres.**

Quand vous dites du bien de quelqu'un en présence da'utres personnes, cela ajoute au compliment. Personne ne peut acheter un compliment particulier au marché ! Quand un pasteur ou un leader de l'église complimente un membre, il fait quelque chose que personne d'autre ne peut faire.

8. **Vous pouvez faire en sorte que les gens se sentent spéciaux en les complimentant pendant des réunions.**

Quand vous complimentez quelqu'un devant ses collègues, elle se sent récompensée par rapport à son dur labeur. Les personnes que nous cherchons le plus à impressionner sont nos pairs ! C'est un fait. Beaucoup de gens font beaucoup de choses simplement parce que leurs amis et collègues font de même. Quand vous complimentez quelqu'un en présence de ses pairs, cela le rend fier. Cette personne sera attirée par vous sans même savoir pourquoi.

Chapitre 47

Comment encourager l'interaction entre les membres de l'église ?

L'interaction entre les membres de l'église constitue l'une des principales clefs de la croissance de l'église. Non seulement le pasteur doit échanger avec les membres, mais les membres aussi doivent échanger entre eux.

Six étapes qui permettent d'encourager l'interaction entre les membres de l'église

1. Encouragez les membres de la congrégation à se parler les uns aux autres pendant le culte !

Ne clôturez pas le service sans avoir encouragé les membres à se dire bonjour les uns aux autres. Je dis souvent en blaguant aux membres de se dire les uns aux autres : « je veux venir déjeûner chez toi aujourd'hui. » Parfois, je leur demande de se poser la question suivante les uns aux autres « Es-tu marié ? As-tu jamais pensé à te marier avec moi ? » Cela fait rire tout le monde, mais cela détend aussi l'atmosphère et favorise l'interaction.

2. Organisez des camps et des activités sociales qui permettent aux membres de l'église d'échanger entre eux.

Les camps constituent les cadres les plus propices à l'interaction. Les gens sont détendus et apprennent à se connaître dans un cadre informel.

> **« Ils étaient chaque jour tous ensemble assidus au temple, ils rompaient le pain dans les maisons... »**
>
> **Actes 2 : 46**

3. Encouragez les membres de l'église à se marier entre eux

Faites en sorte que les membres de l'église sachent qu'ils peuvent trouver le genre de personne qu'ils souhaitent épouser dans la congrégation. Quand les membres de l'église commencent à se marier entre eux, il y a plus de stabilité dans l'église.

4. Encouragez les membres de l'église à employer d'autres membres de l'église.

« Car il n'y avait parmi eux aucun indigent... »

Actes 4 : 34

Plus l'interaction est profonde, plus les relations au sein de l'église s'approfondissent. Employeurs et employés écoutent le même pasteur. Dans toutes les grandes églises, beaucoup de membres entretiennent des relations et échangent les uns avec les autres. Ce sont toutes ces relations qui permettent de stabiliser la congrégation !

5. Encouragez les membres de votre église à se soutenir dans les moments de réjouissance comme dans les moments de tristesse.

Faites savoir aux membres qu'ils ont le devoir de prendre part aux manifestations qui concernent d'autres membres. Vous devez vous rendre compte que les gens font et croient ce que vous dites. C'est une instruction donnée par la Bible.

« Réjouissez-vous avec ceux qui se réjouissent ; pleurez avec ceux qui pleurent. »

Romains 12 : 15

6. Encouragez les membres de l'église à se faire des amis et à s'inviter les uns les autres

« TOUS CEUX QUI CROYAIENT ÉTAIENT DANS LE MÊME LIEU, et ils avaient tout en commun. »

Actes 2 : 44

Une fois que les gens se sont fait des amis parmi les membres de la congrégation, ils restent collés à l'église. Partir de l'église devient un peu plus compliqué pour eux. Quitter l'église signifie aussi quitter tous leurs amis. L'interaction entre membres constitue réellement une clef qui permet de stabiliser la congrégation et favorise la croissance de l'église.

Chapitre 48

P.V.E.I

J'ai évoqué avec vous les quatre principales activités d'un pasteur, à savoir la prière, les visites, l'enseignement et l'interaction (P.V.E.I). Ma prière est que vous méditiez ces choses et les appliquiez dans votre ministère.

Souvenez-vous du code P.V.E.I, et vous saurez toujours quoi faire dans le ministère. Je prie que vous ne remplaciez jamais l'or du temple par de l'airain. Restez dans le vrai ministère et vous obtiendrez votre récompense au Paradis. N'essayez pas de plaire aux hommes. Évitez le « pseudo ministère ! » C'est Dieu qui vous a appellé, c'est à lui que vous devez chercher à plaire !

Que Dieu vous accorde les désirs de votre coeur alors que vous accomplissez votre ministère. Je suis convaincu que vous réussirez dans votre ministère si vous appliquez les quatre grandes clefs de la croissance de l'église, à savoir : *prière, visites, enseignement et interaction !*